聚学术精粹·汇天下智慧

聚学术精粹・汇天下智慧

客户参与新产品开发与技术创新

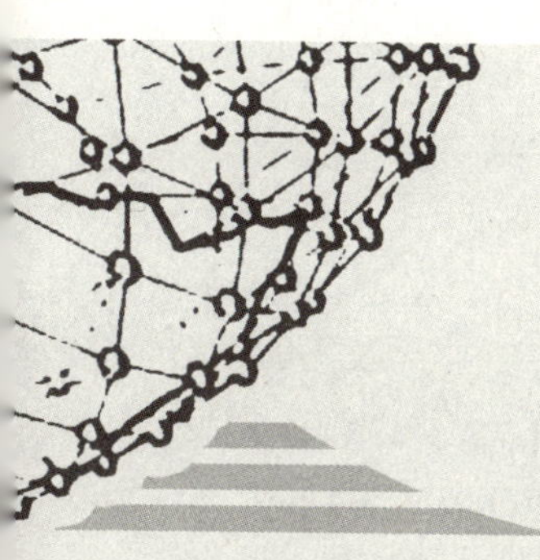

CUSTOMER PARTICIPATION IN NEW PRODUCT DEVELOPMENT AND TECHNOLOGICAL INNOVATION

戴智华　曾赛星　著

清華大學出版社
北　京

内容简介

近年来，我国已有企业在技术创新尤其是新产品开发过程中尝试客户参与模式，但是多数企业并没有很好应用客户参与模式来开发新产品，而是大量采用简单模仿创新的模式来开发新产品或改进产品。本研究试图从中国企业面临的实际问题入手，从技术创新与研发管理的视角，研究客户参与到新产品开发中对企业技术创新绩效的影响。本书可供从事技术创新管理，研发管理的学者或企事业单位管理人员参考。

图书在版编目(CIP)数据

客户参与新产品开发与技术创新/戴智华，曾赛星著.--北京：清华大学出版社，2016
(清华汇智文库)
ISBN 978-7-302-43146-6

Ⅰ.①客… Ⅱ.①戴… ②曾… Ⅲ.①企业管理-产品开发-研究-中国②企业管理-技术革新-研究-中国 Ⅳ.①F279.23

中国版本图书馆 CIP 数据核字(2016)第 035058 号

责任编辑：杜 星
封面设计：汉风唐韵
责任校对：宋玉莲
责任印制：宋 林

出版发行：清华大学出版社
网 址：http://www.tup.com.cn，http://www.wqbook.com
地 址：北京清华大学学研大厦A座 **邮 编：**100084
社 总 机：010-62770175 **邮 购：**010-62786544
投稿与读者服务：010-62776969，c-service@tup.tsinghua.edu.cn
质量反馈：010-62772015，zhiliang@tup.tsinghua.edu.cn
印 刷 者：三河市君旺印务有限公司
装 订 者：三河市新茂装订有限公司
经 销：全国新华书店
开 本：170mm×230mm **印 张：**13 **插页：**1 **字 数：**228 千字
版 次：2016 年 5 月第 1 版 **印 次：**2016 年 5 月第 1 次印刷
定 价：49.00 元

产品编号：068882-01

序言

Foreword

在知识经济高度发展的今天，技术发展日新月异，产品生命周期越来越短，企业的创新能力已经成为其在新竞争环境中制胜的关键。越来越多的企业开始注重增强吸收能力以提升其创新能力，进而进一步改善其技术创新绩效。企业开发新产品尽管失败率非常高，但新产品开发和创新日益成为企业竞争优势的重要来源，而作为企业外部最重要创新源——客户参与到新产品开发中对企业至关重要。

为此，一些企业为加速新产品研发速度、缩短新产品研发周期而积极采取客户参与策略。近年来，我国已有企业在技术创新尤其是新产品开发过程中尝试客户参与模式，但是多数企业并没有很好应用客户参与模式来开发新产品，而是大量采用简单模仿创新的模式来开发新产品或改进产品。我国企业是否应顺应全球企业的产品创新活动转变的趋势，通过吸收并有效利用外部资源来提升自身的吸收能力，从而提升企业技术创新绩效？企业应如何通过新产品开发并以技术创新推动来增强企业竞争优势？在新产品开发中又如何拉动客户的需求，吸纳客户参与以缩短新产品研发周期？本书试图从中国企业面临的这些实际问题入手展开研究工作。

具体研究工作从以下四个层次展开，主要内容与结论如下。

(1)新产品开发中客户参与等变量的测度研究。鉴于客户参与等测量变量文献较缺乏的实际困境，本研究通过一系列科学方法来确定中国管理情境下企业新产品开发中客户参与等变量的测度、企业自有吸收能力、企业技术创新绩效的测度，通过验证性因子分析表明变量的划分与测度有效。

(2)"客户参与—企业技术创新绩效""企业吸收能力—企业技术创新绩效"主效应研究。在客户参与新产品开发的创意前端阶段(Ⅰ)、设计开发阶段(Ⅱ)、产品测试与商业化阶段(Ⅲ)以及全阶段(Total)上，形成了"客户参与—企业技术创新绩效""企业吸收能力—企业技术创新绩效"的作用机制模型。通过 475 家企业的样本调查数据，进行了主效应实证研究。研究结果表明：在客户参与新产品开发的各个阶段模式下，客户与企业的人际互动对企业技术创新绩效均产生显著正向的影响作用；在客户参与的最初阶段，客户的信息提供对企业技术创新绩效产生显著正向的影响作用，随着客户参与阶段数的递增，客户的信息提供仅影响技术创新绩效中的产品维度或过程维度；客户参与新产品的共同开发对企业技术创新绩效没有直接显著的影响；客户对参与工作的认知也在客户参与的最初和最末阶段分别对企业的技术创新绩效的过程维度和产品维度产生影响；企业自有吸收能力对企业技术创新绩效均产生显著正向的影响作用。

(3)在企业自有吸收能力调节作用下，“客户参与—企业技术创新绩效”的机制研究。通过475家企业的样本调查数据，在克服多重共线性、序列相关以及异方差的基础上，运用多元回归分析，研究了在企业自有吸收能力调节效应以及“客户参与—企业技术创新绩效”的作用机制，重点分析了客户参与新产品开发的三个不同阶段以及全阶段上，企业自有吸收能力如何调节客户参与对企业技术创新绩效之间的关系。研究发现：客户参与的共同开发维度对企业技术创新绩效影响虽然主效应不显著，但随着阶段数递增，受企业自有吸收能力(知识获取、知识消化转化能力)的调节效应逐步增强，放大了影响，从而对过程创新绩效产生显著的影响，形成了客户参与的“共同开发”模式；随着阶段数递增，到客户参与的最末阶段或者全阶段(Total)来看：客户参与新产品开发的信息提供对产品创新绩效影响主效应正向显著，通过吸收能力的(知识消化转化能力、知识利用能力)的正向显著调节，影响更加明显，形成了客户参与的“信息提供”模式；客户与企业的人际互动对企业技术创新绩效虽然主效应显著，但不受企业吸收能力的调节。

(4)结合实证研究中客户参与形成的模式与机制，与中国管理情境下的企业实践相结合，甄别、选择企业在新产品开发实践中客户参与的有效模式，研究最后提出了企业相应的实践意义。

本书通过对客户参与对企业技术创新绩效影响的关系研究，对国内外相关理论进行了延伸和拓展，主要创新点体现在以下几个方面。

(1) 构建了面向新产品开发的客户参与模式与测度方法。

(2) 系统刻画了客户参与在新产品开发不同阶段的表现。

(3) 揭示了面向新产品开发的客户参与在各阶段对企业技术创新绩效的影响机制，并发现了企业自有吸收能力在各阶段上具有相继交替的调节效应。

笔　者

目录

Contents

第1章 绪论

1.1　研究背景和意义

1.1.1　研究背景

知识经济高度发展的今天，技术发展日新月异，产品生命周期越来越短，企业的创新能力已经成为其在新竞争环境中制胜的关键(陈衍泰，2007)。企业如何吸收外部资源并且有效地利用资源来促进自身发展成为企业在激烈的市场竞争中生存下来的关键。企业吸收能力理论也应运而生，并在战略管理、组织经济学以及技术管理等领域内被广泛运用。越来越多的企业开始注重增强吸收能力以提升其创新能力，进而进一步改善其技术创新绩效(Lichtenthalr，2009；Guan，2009；Zeng，等，2010)，通过创新绩效，又会增强企业的吸收能力，这种循环推动，促进了企业不断发展(Kim，1998)。

作为企业外部最重要创新源——客户对企业来说，如何强调其重要性都不为过，贝恩管理咨询公司统计得出：构成企业收入的80%源于20%的客户；构成企业利润的90%源于10%的客户；获得新客户比保留现有的客户要多付出3倍的努力;客户保持率每增加5%,利润可以提高25%～55%。可以说企业的竞争优势在于客户洞察及其关系(Fisk,2010)。许多成功企业如亚马逊公司(Amazon)、思科公司(Cisco)已率先成为客户关系管理的使用者和受益者。但是,2007年调查显示,中国企业,特别是中小企业对实施客户关系管理应用的投入都相对比较低,同时由于中国企业对客户关系管理的理论和实施方法研究不够,真正把客户关系管理的理念融入经营管理中的企业还不多,甚至一些企业在客户关系管理项目的实施过程中遭受失败(马刚,2012)。

以客户为重的企业采取的是"由外而内"而不是"由内而外"的视角从事经营。它站在客户而不是从产品推销的立场思考问题。它帮助客户购买,而不是千方百计推销产品。它加入客户的团队,然后找到既具有竞争力,又能取得商业成功的办法。它的动作是拉而不是推。成功的企业既注重客户的需求,又注重创新。这两者并不矛盾。以客户为重并不意味着盲目地服从客户,而是与客户进行合作,同样,注重创新也不意味着一心只考虑产品。客户日益成为创新过程的合作方,而一切创新最终要被客户欣然接受(Fisk,2010)。

众所周知,企业开发新产品的失败率非常高。据产品设计专家统计,一般产品失败率高达90%,而基础性创新产品如新药研制的失败率高达96%(余芳珍,2005),尽管如此,企业约三成以上利润来自新产品,苹果公司就是全球受益于新产品的企业之一,但在2013年8月《福布斯》发布2013年最具创新能力企业100强排行榜中,苹果公司的排名跌落至第79位,而2011年苹果公司高居第5位,2012年下滑至第26位。在此排行发布前,苹果公司最近的"创新"设备是2012年10月发布的iPad mini。回顾苹果公司历年重大创新产品:2001年发布iPod,2003年推出iTunes商店,2007年发布iPhone,2008年推出MacBook Air,2010年发布iPad,2012年发布iPad mini,这些产品可以说都是革命性的产品。2013年9月苹果再推带有指纹识别器,并有银色和金色等颜色的iPhone 5S,以及价格更为便宜、配有明亮色彩塑料外壳的iPhone 5C。行业公司指出彩壳iPhone的推出或许代表苹果技术创新有所放缓。苹果公司虽然一次次推出了创新性的产品,但一直被指缺乏创新而饱受批评。苹果受批评原因在于该公司自推出iPhone和iPad以后,再也没有推出革命性的新产品——尽管目前这两类产品每季度仍给苹果带来数十亿美元的收入。由此可见,新产品特别是颠覆性创新的新产品可以大大提高公司的创新能力和竞争力,而停滞不前地维持老产品,会使企业的创新能力止步不前。新产品开发和产品创新日益成为企业竞争优势的重要来源。

随着市场化竞争的进一步深化，全球企业的产品创新活动正面临从“竞争者驱动”到“客户导向”模式的转变，这就从战略、流程、组织与方法等各方面对企业提出了新要求(全允桓，2009)。为此，一些企业为加速新产品研发速度，缩短新产品研发周期而积极采取客户参与策略(许庆瑞，2006)，并且成功的案例不胜枚举：早在20世纪90年代初期波音公司在开发波音777时已经开始尝试客户参与模式，通过广泛的客户参与，动态的客户需求源源不断地反馈给波音公司使波音777产品的开发取得卓越的成就；美国飞利浦中国某事业部下属业务公司2009年在车载空气净化器等创意未形成概念前，委托广州的专业市场调查公司组织客户进行了焦点小组(focus group)讨论，最后根据客户的需求敲定了车载空气净化器方案，该款产品因此而热销；蒂森克虏伯汇众汽车零部件公司开发新的转向系统前，先向客户公司提供与新产品可能有关的知识，请客户学习1个月后再参与到新产品开发小组，共同完成后续任务的开发。

陶氏化学上海客户创新中心在全球客户参与的管理上处于领先地位，陶氏与客户的创新合作从产品创意萌发的瞬间，到产品成型时，双方合作贯穿始终。陶氏客户创新中心陈列非常倾向客户，有专门为客户准备的创意室。在创意室，客户能触碰到与他们本行业相关的产品原型和实物，并同陶氏一起参与完成从创意到商品化的整个创新流程；陶氏还设有头脑风暴室、创新工作室，在这些场所，陶氏经常邀请企业客户来提出目前的需求以及未来希望的产品细节，共同定义并发展新一代产品。公司下设的各事业部研发人员之后对接这些客户公司洽谈项目细节，并通过努力共同开发新产品。同时，借助陶氏广泛的市场知识，陶氏力求适时为客户提供其所需的业务及技术经验，供客户学习认知。

1.1.2 研究问题的提出

近年来，我国已有企业在技术创新尤其是新产品开发过程中开始尝试客户参与模式。如宝钢集团1000公斤级冷轧超高强汽车板的研发采用客户参与(如上海通用汽车)，但是多数企业并没有很好应用客户参与模式来开发新产品，而是大量采用简单模仿创新的模式来开发新产品或改进产品，擅长逆向仿制。比如中国航空发动机在开发过程中，有关设计部门的典型开发思维是首先找到全世界最好的产品进行模仿、仿制或者技术指标上高一点即可，但只是“知其然不知其所以然”。航空发动机是飞机最重要的一个部件，约占整架飞机价格的1/3，航空发动机用在飞机上真正进行商业化载客，要经历各种严苛适航测试认证，比如，风雪、结冰、酷暑等各个环境工况要一一过关，研究的产品要真正载客，要5年甚至更长的时间。国外领先的航空发动机不仅带有大量客户的市场需求、偏好信息，而且有非常长期和成熟的适航部门（美国通常是美国联邦航空管理局）作为客户参与的大量测试，通过各种适航测试和认证后才能把航空发动机销售给飞机制造公司。中国的航空发动机若不经过客户参与的适航测试认证而直接地模仿国外产品，显然不会适应中国本土的客户市场，并且即便开发成功也无法将航空发动机产品销往国际市场。

波士顿咨询公司发布《全球最具创新能力的30个国家》的调查报告，其中新加坡在创新能力排行榜上高居第一，新加坡能高居榜首很大程度上得归功于其制造业开发的新产品。新加坡的制造业专注于新产品创新与研发，新加坡制造品牌凸显的是成本竞争力、效率、技术专长与创新精神。反观我国企业新产品竞争力差，很多企业还处在为国外企业进行OEM代工水平。Rassweiler（2009）披露2009年一部非合约苹果iPhone 3G手机销售价格550美元左右，然而进入组装线的一台iPhone 3G手机各个零部件的成本为172.46美元，在中国OEM代工组装环节（以富士康公司为代表）的成本只有6.5美元；在利润方面苹果公司由于掌握产品设计研发专利、品牌授权、营销网络获得利润接近手机销售价格的58%，而中国OEM代工企业依靠大量廉价劳动力，消耗大量资源，并污染生态环境只获得手机销售价格的1.8%（即10美元左右）微薄利润。可见，掌握新产品的核心技术及创意概念（知识）、品牌以及营销网络越来越重要，已成为企业的核心竞争要素。如何使中国企业结束OEM代工的局面，逐步成为有一定设计能力的ODM代设计商，甚至成为有自主品牌、有营销渠道OBM供应商是一项长期而艰难的任务。

如图1-1所示的新产品开发漏斗模型，一项新产品的开发，从客户有需求并且技术可行开始，一直到大规模进行生产并进入产品全生命周期，要经过创意，概念，原型测试，小试、中试等多项环节。据统计，新产品在创意形成前，客户最多只能确定50%的需求，随着产品定义逐渐清晰，客户的需求会发生动态变化。因此要使新产品开发成功，必须在各个阶段上能动态跟踪客户的需求。

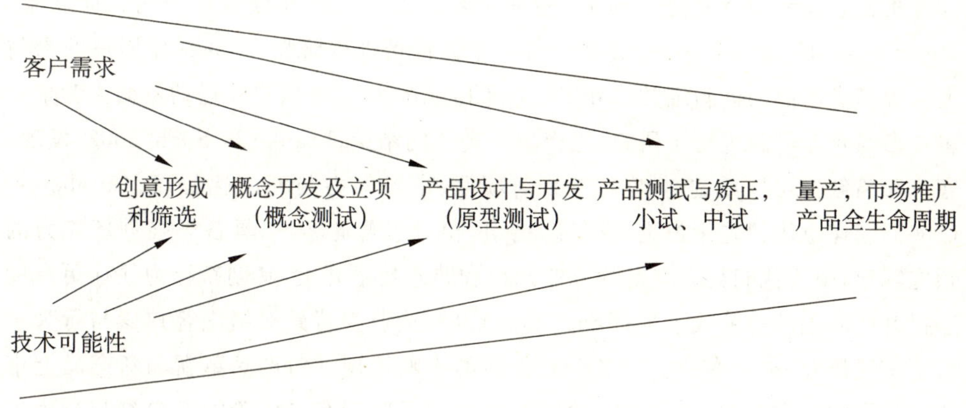

图1-1　新产品开发漏斗模型

资料来源：欧伟（2008）及本研究整理。

因此，在我国企业在新产品开发中存在上述问题的背景下，我国企业是否应顺应全球企业的产品创新活动转变的趋势，通过吸收并有效利用外部资源来提升自身的吸收能力，从而提升企业技术创新绩效？企业应如何通过新产品开发并以技术创新推动来增强企业竞争优势？在新产品开发中又如何拉动客户的需求，吸纳客户参与以缩短新产品研发周期？本研究试图从中国企业面临的这些实际问题入手展开研究工作。

研究的具体问题为：面向新产品开发中如何识别影响客户参与的关键特征从而确定科学的测度？企业的吸收能力和技术创新绩效应如何测度？引入客户参与新产品开发不同阶段的模式下，客户参与对企业技术创新绩效产生怎样的影响？企业自有吸收能力如何影响企业技术创新绩效？企业自有吸收能力调节作用下的客户参与对企业技术创新绩效的作用机理？这些问题目前还缺乏深入系统的理论研究。

1.1.3　研究意义

不仅大量的全球化企业实例说明了客户参与对于新产品开发的重要性，理论研究也表明客户参与是企业进行产品与服务创新的重要源泉，客户参与可以提升企业的技术创新绩效，提高服务绩效。Urban & Hippel（1988）以印刷电路板——

计算机辅助设计为背景进行研究，验证了客户参与与创新绩效之间的正向联系；Herstatt & Hippel(1992)以管束设备产业为背景进行研究，发现领先用户的参与大大提高了产品的创新绩效；Luthjet & Christian(2000)以户外运动器械为背景对客户参与企业创新进行了研究，也得出了类似的结论；Franke & Shah(2003)发现，客户参与创新可以明显地提高产品新颖性、市场潜力与商品化程度；Luteberget(2005)同样也用领先用户进行研究，指出，相对于普通客户，具备极强创新能力的领先客户，由于他们具有丰富的专业知识和熟悉技术开发，其创新行为往往更有助于提升产品创新的绩效水平；Fang(2008)以制造业为背景对组织客户参与行为进行了实证研究，指出客户参与对企业创新的影响体现在对产品革新和新产品上市速度的影响两方面；张文敏(2010)对制造业利用基于客户体验的客户参与行为进行创新进行了探讨。

理论研究同时表明，吸收能力有调节作用的一面(Tsai，2001)。企业自有吸收能力一方面直接促进企业技术创新绩效(Stock，等，2001)；另一方面对于社会资本和企业创新绩效之间有调节关系(Nicolai & Torben，2006；Rothaermel，2009)。关于吸收能力调节效应的研究，国外研究刚刚开始，国内的研究更加缺乏。本研究将以新产品开发中企业自有吸收能力如何在客户参与与技术创新绩效间起到放大或缩小的调节作用进行探索，而不是指客户参与后企业的吸收能力如何发生变化。

在现阶段，深入开展在企业自有吸收能力调节效应作用下，面向新产品开发的客户参与对企业技术创新绩效的影响机制的研究，显得非常紧迫和重要。研究对于满足我国企业技术创新管理需求，促进企业持续提升全球竞争力具有较为重要的理论和实际应用价值。

1.2 研究内容、研究方法与技术路线

1.2.1 研究内容

围绕上述研究问题的提出，本研究具体内容如下。

1. 新产品开发中客户参与等变量的测度研究

在新产品开发中，影响客户参与、企业自有吸收能力、企业技术创新绩效的因素十分复杂，本研究从以下几个方面进行测度方面的考虑。

(1) 对于客户参与测量文献较为缺乏的实际困境，本研究通过系统的企业调研访谈，识别出客户参与新产品开发的关键特征和模式，并采用研究团队内部讨论、预调查、专家审定等方式科学确定在中国管理情境下企业新产品开发中客户参与的测度。

(2) 对于企业自有吸收能力，本研究将从企业外部信息获取和内部知识扩散两方面，从环境、组织、个体三个层面，涉及企业所有制、行业、组织架构、战略导向、文化与激励、员工个体因素众多方面，分析影响企业自有吸收能力的因素，并识别出关键因素，进而分析其作用机理和测度。

(3) 企业技术创新绩效的测度本身就是一个很有价值的研究课题，企业技术创新绩效的测度对推动企业技术创新具有重要影响，本研究对企业技术创新绩效的测度将结合文献和企业实际技术创新绩效的评估方法结合进行测度分析。

2.“客户参与—企业技术创新绩效”“企业吸收能力—企业技术创新绩效”主效应研究

(1) 构建“客户参与—企业技术创新绩效”回归模型，在客户参与新产品开发的三个不同阶段即创意前端阶段(Ⅰ)、设计开发阶段(Ⅱ)、产品测试与商业化阶段(Ⅲ)以及全阶段(Total)上，来验证客户参与对企业技术创新绩效的主效应，其中企业技术创新绩效包括企业产品创新绩效、过程创新绩效两个子维度。

(2) 构建“企业吸收能力—企业技术创新绩效”回归模型，来验证企业自有吸收能力对企业技术创新绩效的主效应。

3. 在企业自有吸收能力调节作用下，“客户参与—企业技术创新绩效”模型构建及其机制研究

企业在客户参与模式下，技术创新链前置，从而企业技术创新的过程与策略发

生变化。在企业自有吸收能力调节效应作用下，客户参与对企业创新绩效会产生怎样的影响需要做深入的研究，分析客户参与、企业自有吸收能力、企业技术创新绩效三者作用机理十分重要。

(1) 探究企业自有吸收能力调节客户参与和企业技术创新绩效之间的关系，其中企业自有吸收能力包括企业知识获取能力、企业知识消化转化能力、企业知识利用能力三个子维度，分别对这三个子维度作为调节变量对客户参与和企业技术创新绩效之间的关系进行回归模型构建。

(2) 在客户参与新产品开发的三个不同阶段以及全阶段上，企业自有吸收能力对于客户参与和企业技术创新绩效之间的调节作用机制。

4. "客户参与"模式(平台、机制等)的选择，并提出实践建议

(1) 结合研究内容2,3得出客户参与形成的模式与机制。

(2) 基于研究内容1,2和3的研究结果，与在中国管理情境下的企业实践相结合，甄别、选择企业在新产品开发实践中利用客户参与的有效模式，并提出合理的实践建议。

1.2.2 研究方法

本研究运用系统分析方法，以数理统计学等为主要分析工具，采用"理论研究→模型构建→实证检验→提出模式"的技术路径进行研究，具体研究方法如下。

1. 文献研究

本研究在文献检索和梳理的基础上，全面把握在企业自有吸收能力调节机制下，客户参与与企业创新绩效相应关系的最新研究动态。

2. 访谈调查法

本研究采用访谈调查法对客户参与关键特征进行识别，以长三角地区为背景，收集客户参与新产品开发的具体特征，并在研究团队内部多次进行焦点小组讨论，在预调查小样本测试时采用主成分分析法对关键特征进行识别。本课题之所以以

长三角地区为背景，是因为该地区经济规模和区域创新能力在全国三大经济核心区中居首位，拥有众多具有一定创新能力的企业，有利于进行典型案例研究和关键特征提取，具有一定的典型性和代表性。

3. 问卷调查

本研究问卷采用李克特(Likert)五级量表进行问卷的科学设计，通过对已有文献挖掘以及对企业实际走访调查与访谈，形成问卷的初稿；通过与学术专家讨论，形成问卷第二稿；通过与企业专家访谈，形成问卷第三稿；通过预调查对问卷题项进行净化，并再次经专家审定，形成问卷最终稿。问卷调查包括小样本的预调查以及大样本的正式实测，调查问卷的方式上采用实地访谈调查，现场发放问卷以及委托发放问卷的方式进行。

4. 数理统计分析

本研究对于回收的有效问卷，主要采用数理统计方法进行分析处理，主要进行描述性统计分析、验证性因子分析、相关分析、多元回归分析处理，研究使用的软件为 SPSS 19.0、STATA10.0、AMOS 7.0，其中 SPSS 19.0 用于样本数据描述性统计分析，AMOS 7.0 用于样本数据结构方程模型建模和验证性因子分析检验，STATA10.0 用于样本数据相关分析、多元回归分析。

1.2.3 技术路线

本研究首先结合中国企业在新产品开发中面临的实际问题入手，提出了研究问题，同时结合文献综述厘清了理论进展后，展开了四个方面研究：客户参与等变量的测度；客户参与、企业自有吸收能力分别对企业技术创新绩效的主效应研究；在企业自有吸收能力调节变量下，客户参与对于企业技术创新绩效的影响机制研究；系统研究得出具体模式、对策建议应用于企业实践。研究的技术路线如图 1-2 所示。

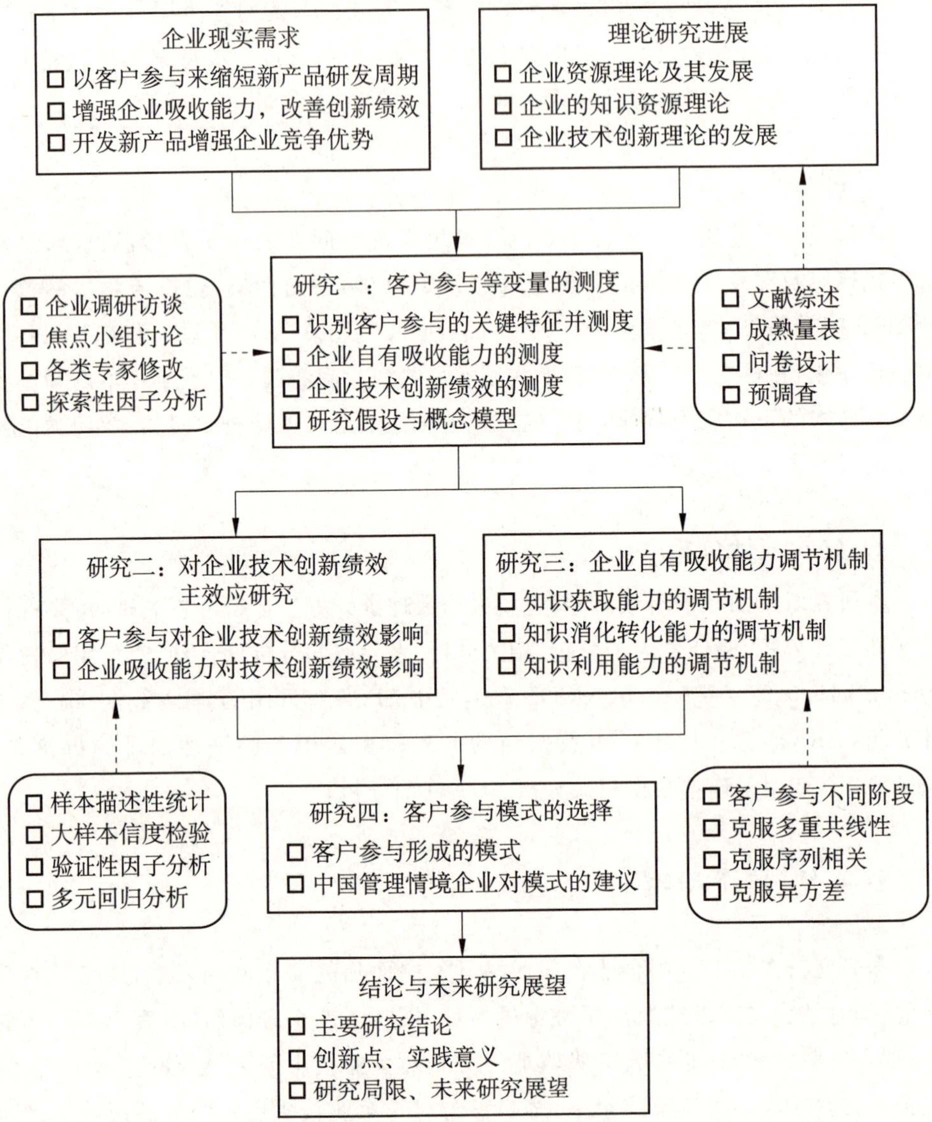

企业现实需求
□ 以客户参与来缩短新产品研发周期
□ 增强企业吸收能力，改善创新绩效
□ 开发新产品增强企业竞争优势
理论研究进展
□ 企业资源理论及其发展
□ 企业的知识资源理论
□ 企业技术创新理论的发展
□ 企业调研访谈
□ 焦点小组讨论
□ 各类专家修改
□ 探索性因子分析
研究一：客户参与等变量的测度
□ 识别客户参与的关键特征并测度
□ 企业自有吸收能力的测度
□ 企业技术创新绩效的测度
□ 研究假设与概念模型
□ 文献综述
□ 成熟量表
□ 问卷设计
□ 预调查
研究二：对企业技术创新绩效主效应研究
□ 客户参与对企业技术创新绩效影响
□ 企业吸收能力对技术创新绩效影响
研究三：企业自有吸收能力调节机制
□ 知识获取能力的调节机制
□ 知识消化转化能力的调节机制
□ 知识利用能力的调节机制
□ 样本描述性统计
□ 大样本信度检验
□ 验证性因子分析
□ 多元回归分析
研究四：客户参与模式的选择
□ 客户参与形成的模式
□ 中国管理情境企业对模式的建议
□ 客户参与不同阶段
□ 克服多重共线性
□ 克服序列相关
□ 克服异方差
结论与未来研究展望
□ 主要研究结论
□ 创新点、实践意义
□ 研究局限、未来研究展望

图 1-2　研究的技术路线

1.3　研究内容安排

根据研究的技术路线，本研究从需要解决的问题出发，安排了七个章节进行具体研究，研究内容安排结构如图1-3所示。

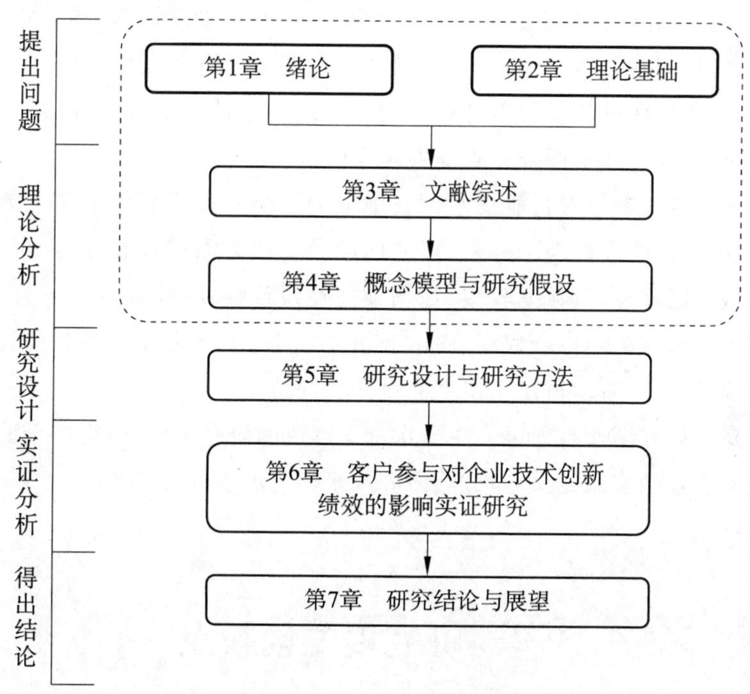

图1-3　研究内容安排结构

第1章　绪论。通过对研究背景和意义的阐述，提出研究问题，并给出具体的研究内容、采取的研究方法和技术路线。

第2章　理论基础。系统总结本研究涉及的企业资源理论及其发展、知识资源与信息资源理论，为研究企业外部的资源（包含客户）提供了重要理论基础，并为企业吸收能力的形成机制（企业通过自身消化吸收，将从外部环境中获取的信息转化为自有的知识资源）做出了很好的解释。

第3章　文献综述。在大量阅读国内外文献的基础上，系统回顾了技术创新、客户参与、企业吸收能力、企业技术创新绩效相关概念及其发展的研究，并梳理了它们之间相互关系的研究，为本研究的研究思路确立提供文献基础。

第4章　概念模型与研究假设。基于文献和已有逻辑，先构建了在新产品开发中客户参与通过企业吸收能力调节对企业技术创新绩效影响的概念模型，然后根据已有文献的支撑细化提出了基于该概念模型的研究假设。

第5章　研究设计与研究方法。主要从问卷设计、变量测量、预调查三方面进行展开，具体从问卷科学设计、变量的测量与预调查等方面进行讨论，利用小样本进行前测，对所有变量测量题项进行净化并采用探索性因子分析方法对所有变量进行分析研究，为大样本调查实测提供测量依据。

第6章　客户参与对企业技术创新绩效的影响实证研究。主要从数据收集、描述性统计分析、验证性因子分析、多元回归分析四方面进行展开，具体对实证研究的过程做详细阐述，从数据收集、数据描述性统计特征、验证性因子分析检验估计模型和大样本数据的拟合程度、皮尔逊相关系数分析各变量间的相关性、多元回归方法来验证理论假设，得出了研究假设检验的结论。

第7章　研究结论与展望。主要从全文形成的研究结论、研究结论的创新点、研究结论对企业的实践意义、研究局限和未来研究展望进行展开。

1.4　研究主要创新点

本研究主要有三个方面的创新，具体如下。

1. 构建了面向新产品开发的客户参与模式与测度方法

在目前已有的国内外文献中，客户参与新产品开发的“硬”产品文献较少，作为企业层面的客户参与的文献更为缺乏。本研究通过调研走访20余家有开发新产品经历的企业，识别出客户参与新产品开发的关键特征和模式，在研究团队内部多次进行焦点小组讨论，并利用预调查中的小样本对所有变量测量题项进行净化并采用探索性因子分析方法对所有变量进行分析研究，最后通过企业专家、学术专家对客户参与的题项进行全面审定，形成了新产品开发中客户参与测度方法。该测度方法既考虑了客户参与新产品开发的"硬"产品，又考虑了在具体问卷题项上企业层面的客户参与。通过大样本实测和验证性因子分析、结构方程模型分析，证实本研究对客户参与的测度是有效的。

2. 系统刻画了客户参与在新产品开发不同阶段的表现

国内外有关分阶段测量客户参与的文献非常缺乏。本研究按照企业新产品开发的流程，适当在新产品开发的前后流程的阶段划分上做了延伸，分为创意前端阶段（Ⅰ）、设计开发阶段（Ⅱ）、产品测试与商业化阶段（Ⅲ），在问卷设计上把客户参与各题项的问题放在上面三个阶段分别测试，以系统刻画客户参与在新产品开发不同阶段的表现。从与企业访谈和问卷填写的情况来看，分阶段测试方式也赋予了被试者一种具体的情境，问卷的数据实际上接近真实情况。

3. 揭示了面向新产品开发的客户参与在各阶段对企业技术创新绩效的影响机制，并发现了企业自有吸收能力在各阶段上具有相继交替的调节效应

国内目前关于把企业自有吸收能力作为调节角色和结合客户参与具体阶段的情境研究较少，本研究利用了信度分析与探索性因子分析等方法进行分析，结果支持了企业自有吸收能力的三维度假说。通过实证测量与分析，揭示了面向新产品开发的客户参与各维度"工作认知、信息提供、共同开发、人际互动"在客户参与各阶段上对技术创新绩效的影响机制，并发现了企业自有吸收能力构成的维度"知识获取能力、知识消化转化能力、知识利用能力"在客户参与各个阶段相继交替的调节效应，同时也发现了客户参与的"信息提供"和"共同开发"两种模式。

1.5 本章小结

本章首先从全球企业的产品创新活动正面临从“竞争者驱动”到“客户导向”模式转变的背景下出发，分析了企业增强吸收能力、进行新产品开发，并吸纳客户参与缩短新产品研发周期的重要性和意义，针对中国企业新产品开发的现状出发，提出了研究的具体问题和研究内容、阐述了研究方法和技术路线、概括了研究的结构安排及研究的主要创新点，为全文研究工作的开展奠定了基础。

2.1　企业资源理论及其发展

2.1.1　企业资源的概念与发展

在各种典籍中，资源表示的都是一种自然、天然物质。随着人类社会的发展，这一定义不断得到拓展，它越来越多地包含了自然资源以及各种非自然资源等。资本和资源两个概念是有区别的。资本指的是产生剩余价值的价值，通过资本的流动，带来了价值的增值，这一增值就使得价值成了资本。关于企业资源的界定，有广义和狭义之分。狭义的企业资源是指企业在其产品生产和服务提供过程中，能够为企业发展创造价值的所有要素的总和，不包括企业的资源整合能力。广义的企业资源则是在狭义的企业资源的基础上，纳入企业的资源整合能力。

20世纪50年代，人力资本的出现打破了传统的资本分类理论，美国经济学家舒尔茨(1992)和贝克尔(1987)率先在世界范围内提出“人力资本”的概念，人力资本是其所有者获得货币收益和心理收益的一种新形式，是企业资源的进一步更新发展。和传统的货币资本以及物质资本相比较，人力资本打破了传统的物质形态的束缚，将资本提升到一个涵盖抽象和具体的资本层次。人力资本概念的提出为后来社会资本理论的提出打下了坚实的理论基础。

2.1.2 企业资源经典理论及其发展

要素资本理论指的要素主要可以划分为六种，分别是人力资本、物质资本、财务资本、技术资本、信息资本和知识资本。罗福凯(2008)指出“技术、信息和知识等新的生产要素，比人力资源、财务资本和物质资本更为紧缺，因而更加激烈，新生产要素的竞争是企业竞争力的核心内容”。

Penrose(1959)提出资源基础理论的雏形，指出企业就是多种资源的集聚体，企业自身的管理机制其目的就在于不断促进企业内部知识积累，从而促进企业生产发展。学者 Wernerfelt(1984)、Barney(1986)、Dierricks(1989)、Grant(1991)，进一步发展了资源基础理论。迈克尔·波特(1980)从产业结构角度进行了企业竞争优势的研究。Rumelt (1991)对迈克尔·波特的理论提出不同方法，他得出结论，企业的竞争优势并不是来自外部环境，而是来自企业自身，企业对于内部环境的掌握分析相对比较容易，充分地挖掘企业内部因素就成为企业获取竞争优势的一种有效方法(Grant，1991)。企业竞争优势的研究便从传统的外部环境研究转换到内部资源开发中，资源基础理论便在这种转换过程中产生。

自 20 世纪 60 年代以来，环境在组织发展中的影响越来越受到人们的关注，大量研究集中在环境和组织关系方面，开放系统模式研究的就是这种关系模式，关注组织所处的环境对于组织发展的影响，资源依赖理论就是这种研究模式的代表。组织依赖外部环境的根源在于从环境中获得资源，正是由于资源的稀缺以及资源对于组织的重要，组织必须获得资源以促进发展。资源依赖理论对企业与外部组织之间的互相影响机制进行了深入探究，强调企业积极从外部环境中获取资源的重要性。本研究重点之一——客户参与企业新产品开发的创新活动是企业与其客户群体之间的相互影响的典型范例，因此对企业而言，积极做好客户参与的管理，不仅对客户参与企业创新活动，而且对企业与客户之间的关系构建起到了重要促进作用。

20 世纪 80 年代，西方企业普遍认识到依靠企业单一的竞争力量难以在市场中生存和发展，必须调整自身战略，强调企业发展的合作。在这种形势下，企业间的合资、战略联盟和供应链伙伴关系等合作形式越来越多地成了企业的发展战略，在这种企业发展环境下,网络资源理论应运而生。Dyer 等(1998)和 Gulati(1999)提出的网络资源理论,突破了传统的资源界限观念,将企业资源的范围延伸到企业外部,延伸到企业和企业的合作中。这种延伸拓展,Lavie(2004)将其称作“扩展资源观”(extended resource based view)或“网络资源观”(刘雪峰,2006)。大量研究结果表明,企业在其发展过程中所建立起来的网络关系和联盟伙伴关系对于企业的竞争优势获取作用巨大。

社会资本最初是在社会网络研究中产生的,是一种结构洞和社会网络封闭(Ellickson,1991)。结构洞是一种弱联系,在一个社会关系网络中,不同的个体、群体之间的联系不同,这种弱联系推动了个人或者群体获取各种不同的信息资源,从而获取竞争优势,带来社会资本。社会网络封闭使资源提供重复化,通过结构洞可使资源在战略上进行流动,从而带来社会资本。周小虎等(2004)指出,企业的社会资本就是企业发展的资源,是那些在企业的关系网络中,能够促进企业经济发展,被企业所利用的关系资源。陈劲等(2001)指出,企业的社会资本主要是企业和企业之间的横向联系,企业和外部的供应商、客户、合作伙伴之间的社会关系,同时包括企业利用这种社会关系进行资源获取的能力。

总体来说,在企业资源的相关经典理论中,要素资本理论突破了传统资本结构理论中只研究财务资本的限制;资源基础理论进一步强调企业发展优势资源、优化自身资源配置;资源依赖理论对企业与外部组织之间的互相影响机制进行了深入探究,强调企业积极与其他组织沟通、从外部环境中获取优势资源的重要性;网络资源理论强调了企业不完全拥有或控制的这部分资源——网络资源的巨大潜在价值,使企业竞争优势研究者们的视野不再局限于企业完全拥有或控制的资源(如财务资源、人力资源等);社会资本理论将企业从外部环境中获得的所有资源抽象为“社会资本”概念,将其定义为一种专用的、可转换的长期资产,可将企业在社会网络中的位置等所赋予的优势转换为经济或其他优势。这些经典理论的发展路径及关系如图 2-1 所示。

综合以上理论,我们得出如下结论:第一,广义上的企业资源可以分为自有资源(财务、人力、组织结构、知识等)和外部资源(品牌、信息等);第二,企业的自有资源是可以直接调配、利用的,而外部资源虽然具有十分重要的作用,但其必须经过转化才能成为企业创造价值的工具。另外,网络资源理论还强调了企业知识对于其竞争力形成的重要性,以及知识创造和利用与其社会网络资源的密切相关性。我们注意到知识作为企业的重要资源之一,正受到学术界十分广泛地关注,而网络

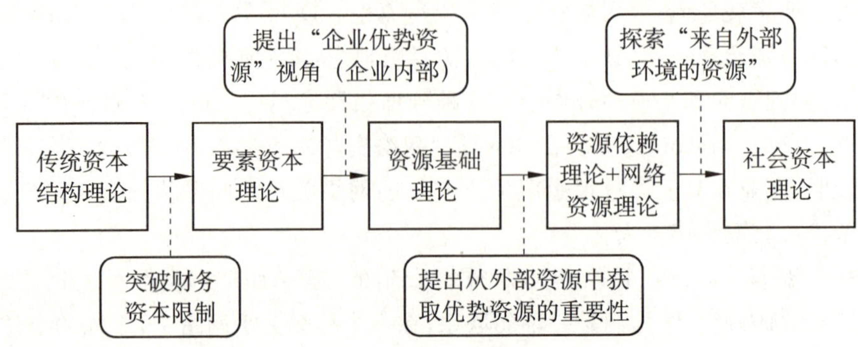

图 2-1　企业资源经典理论的发展路径及关系

资源理论对知识的定义在本研究中被划入企业自有资源的范畴，且其产生受企业外部环境重要影响。在下节中，本文将对企业外部环境影响其知识资源生成的机制进行相关理论综述与探究。

2.2　知识资源与信息资源理论

2.2.1　知识与信息的概念

知识，从客观认识角度来说，它是思维对于现实存在的反映，是思维认识的表达。信息是指对于信息接收者而言，事先不知道的内容，它包括指令、消息、数据、情报和知识等。从更为广泛的角度来说，信息是指通信和传播的音讯、消息等，包括人类传播的一切内容。作为信息论的创始人，Shannon 指出，信息就是一种排除不确定因素的东西，这些不确定的因素包括时间、地点、空间等，信息量的多少表示的是这种不确定性消除的程度的多少。控制论创始人 Wiener 则指出，信息是人们为了在外部世界中生存，对于外部环境做出反应，进行的内容交互和互动。在信息时代的今天，在企业的价值创造过程中，信息是企业发展的至关重要的因素之一，有效地获取信息以及信息量的多少是促进企业正确发展的关键。

2.2.2 企业知识资源理论

企业知识资源理论包括知识资本理论与智力资本理论。

1. 知识资本理论

从20世纪的80年代开始，人类便开始追求知识经济，这类经济主要是以知识、信息等一些全新的资源要素作为基础，知识所创造出的社会价值已经远远地超过了人力和物力等一些过去的生产要素所创造的价值，并逐渐成为生产要素中的关键要素。野中郁次郎(Ikujiro Nonaka)曾在前人对知识进行两分的方法基础上，对日本的一些企业进行了跟踪，并对其创新的过程进行研究，从而提出了全新的知识理论，即将知识分成显性和隐性两种，并在此基础上创建了SECI模型。在该模型中主要包括四个阶段，即潜移默化(socialization)、外部明示(externalization)、汇总组合(combination)和内部升华(internalization)，实现对个人隐性知识的共享后，隐性知识经过个人传递后转变为显性知识，再经过与已有显性知识组合转化后变为系统化知识体系，并以固定的概念在组织中进行传播，最后被员工接受和吸收并以个人方式存储为隐性知识，而知识也逐渐在其过程中得到了扩展和创新。这一模型的建立，不仅有助于我们对创造中的知识有了一个更全面的认识，而且还有助于我们分别对显性和隐性的知识有一个较为清晰的认识。此外，野中郁次郎还指出，在对企业进行改革创新的过程中，显性知识与隐性知识之间会不断地相互转化，而这一过程其实也是创造知识的过程，即在个人、组织及小组这三个层次中逐渐创造知识的过程。这样，知识就能够在这一过程实现其价值性后，再继续下一轮的螺旋创造，从而实现对全新知识的创造，每完成一次螺旋上升都会有一个场(Ba)存在。在对知识进行创造的过程中，知识的价值也得到了增加，并且其结构也得到了转变；创造知识是发生在不同的层次中的，因此，无论哪种层次，都会存在显性知识和隐性知识之间的互相转化和作用。

2. 智力资本理论

智力资本，指的是组织中知识对人力、社会关系等多个层面所进行的反映。在现代化的经济时代，企业要想得到发展，就必须拥有对智力资本进行管理的能力。对一些企业来说，当其在战略上较为有效时，其对物质资产所进行的管理会越来越小，而是将更多的精力放在对智力资源的管理上。也就是说，当公司对企业自身以及供应商的管理重心逐渐转移到其内部的知识和技能时，就意味着企业的管理重心也逐渐向对提高员工的工作技能转移，更注重对智力资源的管理。不能增强智力资本的组织将无法生存(Antal，等，1994)。

研究发现，现阶段智力资本构成，主要包括四部分，即人力、市场、技术和结构资本。其中：人力资本主要指的是企业内部员工在工作中所体现出的专业技能和能力，这一要素是智力资本得以有效创造的根本所在，这类资本一般都是属于员工私人所拥有的，并不属于企业；市场资本是企业增加智力资本价值的关键所在，它是属于企业的，并且与市场的变化毫无关系，这类无形资产的价值在于体现企业与收益者之间的关系；技术资本主要是指可以使企业存在一定的竞争优势的无形资产，并且该资产在法律上受到一定保护；结构资本则主要是指将内部员工的知识进行转化，使其价值以集体的方式得到体现，这类资本最大的特点便是它只能以无形资产的形式存在于公司内部，并且为人力资本创造有利的“平台”。

综合知识资本理论与智力资本理论可以发现，基于无形资产定义的智力资本是一个较为宽泛的概念，其往往包含了企业的所有非财务资本，包括人力资源、组织结构平台、技术、品牌、社会关系等，严格意义上来看远超“智力”一词的狭义理解；而知识资本更多专指能够为企业创造价值的技术、理念、信息、智慧等。本研究中对知识资源的定义比知识资本的定义更加狭窄，其不包括企业不能完全控制的信息资源，故本研究将企业知识资源定义为“企业自有的，能够参与产品生产和客户服务，进入市场竞争，为企业创造价值的，与生产的技术特性或制度特性有关的技术、理念、智慧的总称”。

2.2.3 企业信息资源理论

在信息化高速发展的今天，企业无论是在生产过程中，还是在管理过程中，都存在较多的信息，同时信息技术的发展也促使企业在相关信息资源的获得上较为便利。企业在制定相关的战略时，以知识作为基础，借助于所掌握的知识来实现创造企业价值最大化的目标。知识面的扩大不仅可以使企业的成本降低，而且还可以使企业所研发的产品更具有一定的针对性，能够更好地符合客户的要求，从而提升企业的整体竞争力。彼得·德鲁克指出，知识的更新换代是较快的，并且都是在对原有知识的基础上得到升华；其他技术的变化速度则相对较慢，但是随着科学技术的快速发展,技术性知识和制度性知识的更新速度逐渐加快,并出现突飞猛进的趋势。

关于知识与信息的关系:知识是结构化的信息,是诸多信息构成的单元,是经过验证过的信息,它能够更加直接地知道人们的行为;信息是知识的局部,知识是信息的整体。Polanyi(2000)指出,信息是知识的来源,且是知识的唯一来源,人类通过各种活动所获得和形成的知识,可以划分为两种:一种是可以用语言文字表达出来的显性知识;另一种是难以用语言文字表达的隐性知识,它们共同组成人类知识框架体系。在此基础之上,Leonard 等发展了他的隐性知识维度,人类的知识是一个统一体,这个统一体即"隐性—显性知识连续统一体",在这个知识统一体的一端是隐性的、无意识的知识,另一端则是显性的知识,两者之间是一种渐进性知识体系。所以,也有学者根据这种统一体知识体系,提出知识和信息之间的连续性关系,认为在这种连续性关系的一端是信息,另一端是知识,两者之间则是渐进性信息和知识。

Mertins、Heisig 等知识管理研究者,则从实际运用的角度进行界定,他们指出,信息和知识都是为了运用,因而将信息和知识当作一个整体,不对它们加以细分,只要能够达到运用的目的就行。当然这种笼统的信息和知识界定的方法,在现实中并没有被广泛运用和认同。

综上所述,信息资源属于企业非完全掌控的重要资源,它无法直接为企业所用,产生利润;知识资源属于企业的自有资源,对企业绩效的提高起到直接的积极影响作用;而获取信息资源是企业增加其自有知识资源的重要途径。

2.3 本章小结

综上,本章获得如下结论。

(1)"资本"和"资源"这一对概念就企业主体而言是相对趋同的,即可视为相同概念。由于"资源"的内涵在传统上大于"资本",本研究采用"资源"一词来表示可以为企业所用的一切物质与非物质。

(2)在相关理论发展史上出现了要素资本理论、资源基础理论、资源依赖理论、网络资源理论、社会资本理论。这些理论有两个趋势:第一,企业拥有的知识是当今企业发展最重要的决定因素之一这一观念已成为共识;第二,越来越多的研究开始关注来自企业外部的资源,如社会关系(与政府、客户、供应商的密切联系)、品牌感召力等,这些资源难以从企业自身角度出发进行核算,但其确实存在,并且在企业价值中扮演着重要角色。

(3) 较多研究表明,知识作为重要资源被用来为企业创造价值,而信息是知识产生、扩张的重要媒介。因此,企业通过自身消化吸收,将从外部环境中获取的信息转化为自有的知识资源,是其自身发展,尤其是新产品开发过程中极其重要的战略之一。

本研究将企业资源分为自有资源与外部资源,其中自有资源是企业自身所持有的、在很大程度上可以直接折现的资源,包括财务资源、人力资源、组织结构资源、知识资源。外部资源是企业无法直接用来产生利益,但可以帮助其扩大经营量、产生自有资源的资源,包括企业的品牌价值和相关信息等。

在自有资源中,财务资源是企业所有人对企业的永久性投资量;人力资源是指企业自有劳动力所具备的全部技能与知识,是创造智力资本的源泉,以潜在的、非编码化的方式存在;组织结构资源是存在公司内的资产,是支撑人力资本创造财富的平台,它能够把团队成员的专有知识转化为集体拥有的财富;知识资源是指企业拥有的一切技术、理念等无形资产,它可以通过人力资源的扩充或外部信息的获取而不断增加,是企业价值增长的潜力来源。

在外部资源中,品牌资源是指企业在发展过程中积累的、能够带来更多交易机会的资源,是企业所拥有的与市场有关的无形资产,如形象、与利益相关者的关系等;信息资源指企业从外部环境中获取对自身发展(包括生产与销售)有价值的信息的能力,这些信息是转化为企业自有知识资源的重要原料。

第3章 文献综述

本章将围绕研究问题中涉及的相关构念的定义进行深入分析，了解国内外对其研究的进展，从而厘清本研究与现有研究的继承与拓展关系。本章先从创新的概念及相关理论开始阐述，逐步引出本研究的关键构念——企业技术创新绩效、客户参与、企业自有吸收能力，并分析了这些关键构念的代表性研究，以及代表性研究对这些关键构念的维度和测量方法，通过对这些关键构念的文献梳理，为研究进一步提供了理论支撑，并为概念模型与研究假设的形成以及后续的实证研究奠定了基础。

3.1 技术创新绩效

3.1.1 技术创新绩效相关理论及定义

Schumpeter(1934)在《经济发展理论》一书中首次提出了创新的概念，并进行了系统的阐释。他认为创新是企业采取的一种新生产程序或生产方法，而这种新生产程序或生产方法将使其生产可能性发生改变。这包括引进一种新产品、新的生产方法和新市场，也包括材料的新的来源。同时他提出新产品、新市场、新技术将必然带来新组织。Schumpeter 的创新理论是世界经济思想史上的重大突破。他提出的创新概念与内涵十分丰富，涵盖技术、产品与市场等，为后续研究奠定了很好的基础。后来的学者则从创新的不同角度丰富了创新的文献。

Yoon & Grary(1995)、Afuah(1998)等主要关注创新的商业化。他们认为创新的最终目的是达到商业化。通过改进与发展原有的功能或者发明一样新概念，使之符合当前或潜在顿客的需求，以创造财富。他们强调如果任何一项创新不能使用户的需求得到满足，并且成功推向市场，则不能称为创新。Ahuja & Katila(2001)则强调企业的技术创新广义上而言是指新概念的产生、产品研发、产品小范围试造、正式投产、首次商业化及流通的整体过程。而 Damanpour(1991)、Nohria & Gulati(1996)等认为创新的本质是一种过程。他们强调创新是利益相关方为了创造价值，而提出新想法、新理念并添加到产品生产、服务、流程与结构中的不断进行循环的过程。还有学者从创新的内涵及所包括的维度进行探索。

Wolfe(1994)指出创新包括三个维度，即创新扩散、创新能力、创新过程三个维度，并且认为创新能力是一个组织不断发展的基础能力。另一些学者，则对创新的内涵有着不同的理解，如 Nonaka(1995)、Abrunhosa & Moura (2008)等将创新的内涵从知识视角进行思考，认为创新是新的知识的创建或应用，或者对现有的旧知识重新结合的过程。

创新主要包括技术创新、组织创新、产品创新与过程创新等。Daft(1978)、Lee & Na(1994)认为技术创新是为了实现市场价值而采用新知识、新技术、新工艺等创新产品与服务；Knight(1967)、Damanpour & Evan(1984)认为组织创新是企业知识积累和进化的过程，以及对环境变化的要素(组织结构、奖惩制度、权责关系、战略和文化等)之间的重新整合，与环境协调发展；Gopalakrishnan & Damanpour(1997)认为产品创新是指开发新产品或新服务以满足现实或潜在顾客的需求；He & Wong(2004)认为过程创新是指产品的生产技术的革新，包括新工艺、新设备和新的组织模式等。

如图 3-1 所示，对于产品创新与技术创新的关系，Utterback (1975) 在企业不同发展阶段对其进行深入研究，发现它们之间呈复杂的交替关系，源于客户需求的产品创新在非协调阶段被企业主要采用，基于技术刺激的过程创新在部门化阶段主要应用，基于成本刺激的产品与过程创新在系统化阶段更多运用，但这两种创新呈逐渐衰减的趋势。

对技术创新绩效的研究自熊彼特之后，学者们从经济角度到管理的角度到社

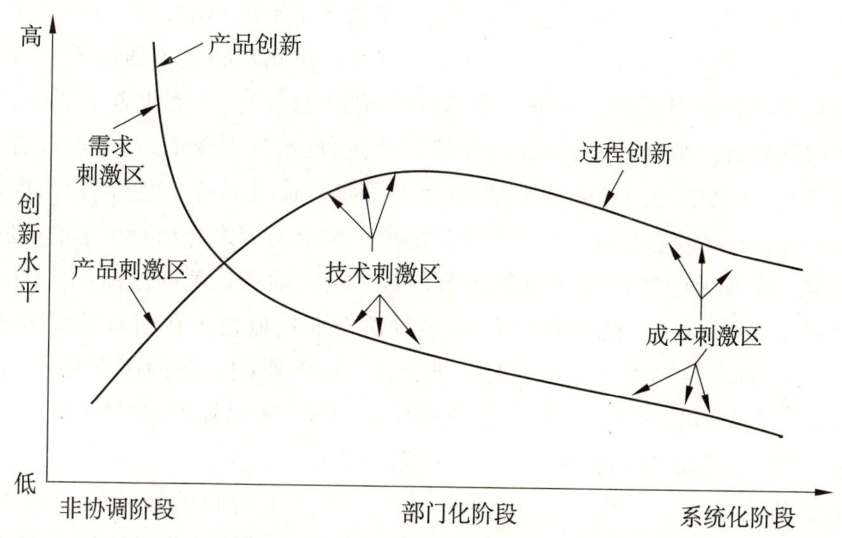

图 3-1　企业不同发展阶段产品创新与技术创新的关系

资料来源：Utterback(1975)。

会学角度等多角度进行了研究，本文文献主要从管理学角度进行整理。学者们从不同的角度研究了技术创新活动，可以概括为四个概念：产品观、过程观、产品和过程观、多角度观。

具体来说，对技术创新绩效的内涵主要观点集中在技术创新与企业创新活动的输出对投入产出效率的影响。从目前的文献来看，大致可以将是否把商业化纳入技术创新绩效为判断标准，分为狭义和广义两种定义。Hagedoorn & Cloodt(2003)从狭义角度考虑创新绩效，主要指企业在新产品开发和所开发出的新产品在市场上竞争力的表现；而广义的技术创新绩效包括产品从产生创意开始经研究开发后并将其商业化的全过程，广义的创新技术绩效同时关注创新技术本身和其商业化的程度(Freeman & Soete,1997;Ernst,2001;Ahuja & Katila,2001)。中国学者高建(2004)认为技术创新表现为技术创新过程的效率、产出结果和其对企业商品化成功的贡献，包括技术创新产出绩效和技术创新过程绩效。

3.1.2　影响技术创新绩效的因素

Treffinger(1990)认为创新水平是一个组织当中多种因素互相影响的结果，提出了一种全新的C-O-C-O三因素创新模型，将创新水平的影响因素归结于人的影响、运营控制系统和组织环境。Damanpour(1991)在此基础之上通过元分析系统对创新成功的影响因素进行了进一步的归类，他认为共有13类因素会影响创新，这其中包括资源的稀缺性、内外部沟通的有效性、技术智力资本、企业经营者对改革的接受度、人力资源的专业性水平、垂直差异等。通过对这13类因素的深入研究，Damanpour探讨了其对创新产生作用的原因和这两者之间相互作用的机制，这是该领域一个很大的创新，为后来的研究奠定了坚实的理论基础。Reed (2000)继承并拓展了Damanpour的主要理论，他系统而全面地梳理了在创新领域20篇优秀的文献，从而总结归纳出了另一套分类方法。他将影响创新的因素分为11类：创新文化、顾客聚焦、沟通/网络、人力资源战略、团队、知识管理、领导承诺、创意开发、战略态势、持续改进与技术采纳(张群祥,2012)。

随着研究的进一步深入，Panne等(2003)通过总结归纳相关学者的43篇文献，对影响创业的成功因素从另外一个层面上进行了分类，探索出17项关键的因素。这些关键因素涵盖了企业、项目、产品与市场这关乎企业生产的四大方面，更为重要的是，他们还对这些因素的重要程度进行了评定。他们继承了Reed (2000)的理论，但是同时又对该理论提出了新的发展，将研究的内容进一步具体化。Perdomo-Ortiz等(2006)则认为影响创新成功的主要因素应取决于一个组织的结构特质、创新的过程控制及战略等。通过对这些因素细致的思考，他们发现其与实际中的质量管理和其表征有很高的吻合度，并建立了一个全新的关于创新影响的信息交流平台，这为后来的研究者们奠定了基础，指明了方向。

随着全球经济一体化进程的不断深入，以及网络在经济中的影响的逐渐增大，加之技术的发展十分迅猛从而极大地缩短了产品的研发和销售周期，因此，企业越来越关注创新，而创新能力的强弱也直接地决定了一个企业在市场上生存能力的强弱(Nohria& Gulati,1996)。在这样一种社会经济环境的大背景下，各国的专家学者们开始探讨一个组织、一个企业应当如何正确地对待创新并从创新中获得收益，取得进步。Damanpour(1991)、Reed (2000)、Panne等(2003)等认为，创新是多种内外部因素互相影响的结果，因此，应在企业高层管理者的支持与领导之下，让一个企业中各种部门合作，从而形成一种健康的、积极向上的、创新的氛围(Service & Boockholdt,1998)。

3.1.3 技术创新绩效维度与测量

表 3-1 是近 20 年来国内外关于技术创新绩效代表性的研究者，从文献总结来看，分析企业的技术创新结果有三个英文单词：一是技术创新绩效“innovation performance”(Hagedoorn & Cloodt，2003；Tsai & Wang，2009)；二是技术创新“innovativeness”(Sidhu，等，2007；Bell，2005)；三是技术创新成功“innovation success”(Grimpe & Sofka，2009；Leiponen & Helfat，2010)。其中技术创新绩效又有狭义和广义两种定义，狭义的技术创新绩效指新产品创新技术的本身即产品市场上的综合表现(Hagedoorn & Cloodt，2003)，而广义的技术创新绩效包括从创意前端经设计开发、测试直到商业化程度(Ahuja & Katila，2001)。

表 3-1 国内外技术创新绩效代表性研究者

研究者	维度	题项表述	样本(方法)
Gemünden，等(1996)	产品创新绩效	1. 过去五年新产品开发成功的百分比 2. 过去五年产品改进成功的百分比	德国 321 家生物高科技公司(李克特 5 点量表)
	过程创新绩效	1. 劳动力成本的降低 2. 劳动生产率的提升 3. 交货时间的缩短 4. 原材料和和能源消耗的减少 5. 利润 6. 企业成长 7. 企业生存	
Hagedoorn & Cloodt(2003)	技术创新绩效	1. R&D 投入 2. 申请专利数 3. 引用专利数 4. 新产品数	四个高科技领域的 1194 家国际企业(70%在美国和加拿大，其他为欧洲、日本、韩国和中东企业)(客观数据调查)
Ritter & Gemünden(2004)	产品创新绩效	1. 产品的改进和创新有较好的市场反应 2. 竞争对手在产品创新上成功率较高(反向问题) 3. 产品在技术上是一流的	14 家企业预调查，308 家德国企业大样本测试(李克特 7 点量表)

续表

研究者	维度	题项表述	样本(方法)
Ritter & Gemünden (2004)	过程创新绩效	1. 拥有非常现代化的生产设备 2. 拥有的生产设备比我们的竞争对手先进 3. 拥有生产设备具有最先进的技术	14家企业预调查,308家德国企业大样本测试(李克特7点量表)
Frishammar & Hörte (2005)	技术创新绩效	1. 我们注重R&D、技术领先和创新 2. 过去5年内新产品的数量 3. 产品或服务变化的程度	206家瑞典制造业企业(李克特7点量表)
Prajogo & Ahmed (2006)	产品创新绩效	1. 新产品的新颖程度 2. 新产品开发中新技术的应用情况 3. 新产品开发速度 4. 新产品数 5. 最早进入市场的新产品数	194个澳大利亚企业(李克特7点量表)
	过程创新绩效	1. 技术竞争力 2. 产品开发过程中技术的更新程度 3. 产品开发过程中最新创新技术采用的速度 4. 产品开发过程中工艺和技术变化的比例	
Boschma & Terwal (2007)	产品创新绩效	过去三年内新材料的产品数/企业员工人数	意大利33家丝袜企业(李克特5点量表)
	过程创新绩效	过去三年内企业使用技术上更先进的设备数量/企业员工人数	
	创新产品利润	过去三年内开发的新产品所产生的利润	
Alegre & Chiva (2008)	产品创新功效	1. 被淘汰更新产品数 2. 通过新产品拓展主要产品领域的产品范围 3. 主要产品领域拓展的产品范围 4. 环境友好型产品的开发数 5. 市场份额变化 6. 海外新市场的开放情况 7. 国内市场新目标团体数	82个意大利和100个西班牙的瓷砖企业(李克特7点量表)
	产品创新效率	1. 创新项目开发平均时间 2. 创新项目开发平均工作时间 3. 创新项目的平均成本 4. 创新项目效率的全球满意度	

续表

研究者	维度	题项表述	样本(方法)
Ar & Baki (2011)	产品创新绩效	1. 过去三年内产品创新率 2. 我们将自己定位为专注与产品或服务创新的企业 3. 我们的新产品或服务对顾客来说是非常新颖的	土耳其科技园内270家中微型企业(李克特5点量表)
	过程创新绩效	1. 过去三年过程创新的速率 2. 我们将自己定位为专注与过程创新的企业 3. 我们新的过程对顾客来说是非常新颖的	
	公司绩效	1. 过去三年内跟我们的竞争对手相比,我们拥有更多的市场份额 2. 过去三年内跟我们的竞争对手相比,我们的销售额更多 3. 过去三年内跟我们的竞争对手相比,我们利润更高	
Duysters & Lokshin (2011)	技术创新绩效	是否有新的或者重大改进的产品进入市场	利用社会创新调查问卷(CIS)调查了1998年、2000年共1800个荷兰企业(李克特5点量表)
Hernandez-Espallardo,等(2012)	技术创新绩效	1. 创新产品的市场份额 2. 创新产品带来的销售额 3. 资产报酬率 4. 资产回报率 5. 利润	对300家哥伦比亚制造领域的企业进行调查(主要行业:22.5%化学企业,16.6%橡胶和塑料加工企业,16%的食品和饮料制造企业)(李克特7点量表)
张方华(2004)	创新效益	申请专利数、新产品销售额占销售总额比重、创新产品的成功率(与同行平均水平相比,2003年情况)	浙江、深圳、苏州、武汉共210家企业(李克特7点量表)

续表

研究者	维度	题项表述	样本(方法)
张方华(2004)	创新效率	新产品数、新产品开发速度 (与同行平均水平相比,2003 年情况)	浙江、深圳、苏州、武汉共 210 家企业(李克特 7 点量表)
韦影(2005)	创新效益	申请专利数、新产品销售额占销售总额比重、创新产品的成功率 (与同行平均水平相比,2004 年情况)	142 个来自高教教师、政府、企业的样本(李克特 7 点量表)
	创新效率	新产品数、新产品开发速度 (与同行平均水平相比,2004 年情况)	
许冠南(2008)	创新效益	申请专利数(小样本测试中被删除)、新产品销售额占销售总额比重、创新产品的成功率 (与同行平均水平相比,过去两年情况)	228 家浙江企业(李克特 7 点量表)
	创新效率	新产品数、新产品开发速度 (与同行平均水平相比,过去两年情况)	
彭新敏(2009)	创新效益	申请专利数(小样本测试中被删除)、新产品销售额占销售总额比重、创新产品的成功率 (与同行平均水平相比,过去两年情况)	235 家浙江企业(李克特 7 点量表)
	创新效率	新产品数、新产品开发速度 (与同行平均水平相比,过去两年情况)	
张群祥(2012)	产品创新绩效	新产品数、新产品开发速度、新产品差异、新产品市场接受程度 (与同行平均水平相比,近三年情况)	浙江、上海、江苏、广东、江西、湖南、河北、山东、陕西共 9 省 215 个企业(李克特 7 点量表)
	过程创新绩效	应用新生产工艺、投入新设备、产品合格率及质量、产品生产效率 (与同行平均水平相比,近三年情况)	

国内外学者对企业的技术创新绩效测量展开了积极研究,但至今未形成统一公认的测量维度。从已有研究文献来看,有用单指标对其进行测量,如 Duysters & Lokshin (2011)只采用"是否有新的或者重大改进的产品进入市场"1 个题项进行测量;也有用多个指标组合对其进行测量,如 Griliches(1994)采用"研发(R&D)投入"和"研发(R&D)产出—申请专利数"2 个题项来衡量企业的技术创新绩效;Gemünden 等(1996) 首次用产品创新绩效和过程创新绩效两方面来测量并得到

Prajogo & Ahmed(2006)的证实;Boschma & Terwal(2007)用产品创新绩效、过程创新绩效、创新产品获得的利润三方面来测量;Alegre & Chiva(2008)采用产品创新功效和产品创新效率两方面来测量;Ar & Baki (2011)用产品创新绩效、过程创新绩效、公司绩效三方面来测量;Hernandez-Espallardo 等(2012)用"创新产品的市场份额、创新产品带来的销售额、资产报酬率、资产回报率、利润"5 个题项来测量。一些研究人员没有明确提出测量维度,但也是从产品创新绩效和过程创新绩效两个方面来设计测量量表的(Frishammar & Hörte,2005)。

由 Gemünden、Ritter、Heydebrec 组成的研究团队,在创新绩效的测量研究方面有着广泛的影响,并被许多研究者认同。Gemünden 等(1996)首次提出技术创新绩效从产品创新和过程创新两方面来测量,其中产品创新绩效不仅包括新产品开发成功数量,还包括产品改进方面的创新。不是所有企业都追求较高的产品创新率(Cooper,1984),因此 Gemünden 等(1996)将在过去 5 年企业产品改进的成功率替代产品创新率,其测量产品创新绩效有 2 个题项——过去五年新产品开发成功的百分比、过去五年产品改进成功的百分比。过程创新是指优于现有工艺过程的一些新的或改进的工艺(Gemünden,等,1996;Tidd & Trewhella,1997;Zhuang,等,1999)。Gemunden,等(1996)关注过程创新的结果,用 7 个题项来测量过程创新绩效——劳动力成本的降低、劳动生产率的提升、交货时间的缩短、原材料和能源消耗的减少、利润、企业成长、企业生存。而 Prajogo & Sohal(2003)强调过程创新中新技术的应用,因此从新技术的角度来设计,具体采用"生产过程中最新技术采纳的速度、生产过程中最新技术的应用、技术竞争力和技术变革的速度"4 个题项来测量过程创新绩效。在 1996 年量表开发的基础上,Ritter & Gemünden (2004)又提出了较为简单的量表来测量技术创新绩效,其中也还是分为产品创新绩效(3 个题项)和过程创新绩效(3 个题项)两个维度。

另外,在产品创新绩效的研究方面,Archibrugi & Pianta(1996)、Hagedoorn & Cloodt(2003)的实证研究结果均表明研发(R&D)投入、申请专利数、引用专利数 3 个指标之间的重叠度很高,可以选择其一来测量。除此之外,新产品数、新产品销售额占销售总额比重、新产品开发速度也是较多测量产品创新绩效的指标(Daft & Becker,1978;Subramanian & Nilakanta,1996;Prajogo & Ahmed,2006;张方华,2004;韦影,2005;许冠南,2008;彭新敏,2009;张群祥,2012)。

国内一些学者从创新效益、创新效率两方面来测量技术创新绩效(张方华,2004;韦影,2005;许冠南,2008;彭新敏,2009),具体指标为创新效益(申请专利数、新产品销售额占销售总额比重、创新产品的成功率)、创新效率(新产品数、新产品开发速度)。这些指标与国内外已有研究相比,其实只测量了产品创新绩效。张群祥(2012)从产品创新绩效(4 个题项)、过程创新绩效(4 个题项)两方面来测量技术创新绩效。

本研究认为,企业的技术创新绩效是一个过程,应从创新的整个过程去考虑如何测量,因此本研究从产品创新和过程创新两方面的多指标方式来测量,具体原因在第 5 章 5.2.1 中阐述。

3.2 客户参与

3.2.1 客户参与定义与类型

1. 客户参与定义

传统的探索消费者需求已经变成了一种昂贵的手段,所以需要管理层在进行新产品开发时采用新的视角(Hippel,2001;Hippel & Katz,2002)。目前,在很多企业中,客户已经从服务或者产品的接受者转变成了一个公司的“兼职雇员”(Hippel,2001;Honebein & Cammarano,2006)。Honebein & Cammarano(2006)描述了五种客户在市场中扮演的角色。第一种,交易型,指的是喜欢到网络或者实体百货商店就行自助购买的客户。第二种,传统型,指的是享受 DIY 过程的客户。第三种,保守型,指的是喜欢购买能够在家里使用产品的客户。第四种,目的型,指喜欢个性化产品,并且以拥有它们为乐趣的客户。第五种,激进型,指的是那种愿意通过共同参与,开发出受其他使用者喜欢产品的客户。本文所涉及的客户参与则是指第五种类型的客户。

然而,客户参与目前并没有一个统一的定义,主要原因在于学者对“客户”的定义以及“参与”的定义均存在不同的理解。目前已有的国内外文献,研究个体顾客参与的较多,研究企业层面的客户参与的较为缺乏。

1) 就“客户”的定义来说,客户分为广义和狭义两种

第一种,狭义的客户,是指企业产品或服务的最终购买者或终端使用者。狭义

的客户又可分为个人顾客和企业客户。Kotler(1999)认为,顾客是具有特定的需要或欲望,而且愿意通过交换来满足这种需要或欲望的人。Jones(2000)认为,顾客是使用或消费产品或服务并为此需要进行支付的人,研究中涉及的顾客是指终端顾客,即购买或使用企业产品或服务的人,包括消费品的顾客—终端消费者、工业品的顾客—用户两种,这些定义基本上属于狭义的顾客定义。

第二种是广义的客户,凡是能够接受或可能接受产品或服务的个人或组织都可称为客户。李尉(1998)认为客户是指“任何接受或可能接受产品或服务的对象”,“任何接受或可能接受任何单位、个人提供产品或服务的个人或单位”。广义的客户即不仅仅只把上述人群看成是客户,还把本企业员工、经销商,甚至政府机构、咨询公司等也看成是客户。客户的范围就从消费顾客被扩大至包括内部顾客(员工)、中间顾客(零售商、批发商与经销商)、资本顾客、公益顾客(政府)在内的大顾客群。Kotler & Levy(1969)认为,营销的对象是与企业有利益关系的所有组织与团体,而不仅仅是顾客,企业的员工与企业的利益直接相关,因此,企业的员工也应成为营销的对象。企业营销的对象就扩大了范围,从外部顾客扩展到了企业内部的员工这一层面,形成了“内部顾客”的观点(刘文波,2008)。

纵观上述客户的两类定义,广义的客户定义概念较为宽泛。广义的客户定义对企业员工和企业顾客的区别较模糊,企业供应链的下游(顾客)和供应链的上游(供应商)的区别也不明晰。为了使研究具有较好的针对性,本研究采用狭义的客户定义,即认为客户是企业产品或服务的最终购买者或使用者(包括最终消费者与用户),具体又可分为个人顾客和企业客户。

2) 就“参与”来说,国内外学术界对于客户参与尚未形成统一的定义,学术界关于客户(文献中较多为个体顾客)参与的定义或描述主要有两种

第一种定义是从参与者的行为来界定客户参与,并将客户在参与工程中所投入的资源,包括时间、精力、努力程度等来进行描述。Silpakit & Fisk(1985)用顾客“体力”“精神”“智力”及“情感”的投入程度来描述顾客参与的行为。Kelley 等(1990)认为,在大部分生产或者服务情境中,顾客参与必须达到一定的投入深度才能确保产品的生产和服务消费的进行,因此,顾客参与可以用为了获取产品或服务的相关信息而做出的努力程度或者努力的形式来表述。具体来讲,他认为顾客参与表现形式有两种:一种是通过获取服务的相关信息;另一种是发挥实质的努力,而顾客参与是顾客的实际涉入行为。Cermak(1994)认为,顾客参与是为产品或服务提供相关的物质或者精神方面的某种行动、顾客的努力程度和参与时间长短。

Rodi & Kleine(2000)认为，顾客参与是顾客在产品的产生或服务的传递过程中，所提供的资源或从事的行为。Dabholkar(1990)则认为顾客参与指的是顾客参与到产品生产与服务传递的程度。Alam (2002)将顾客参与定义为在客户身体、心理、情感三个方面为企业提供相关资源的活动且有利于生产或者服务传递的行为。Payne 等(2008)认为顾客参与是一种顾客与企业双方共同合作、共同创造的行为。Fang(2008)认为，客户参与是指客户在企业新产品开发过程中的涉入行为的深度和广度。

第二种定义是从客户参与所形成的结果的角度来进行理解。Actio 等(2000)提出，顾客参与分别是用是否使用产品或者服务、使用频率、参与活动的频度高低三个贡献程度来反映顾客参与的深度。Lloyd(2003)认为顾客参与是顾客在服务过程中做出的所有贡献，从结果的角度出发，顾客参与的质量取决于他们为企业做出的贡献程度。汪涛和望海军(2008)从顾客参与与预期目的一致性的视角将顾客参与定义为：在参与生产或服务过程中所体验到与心中期望的方式是一致的。

2. 客户参与类型

1）按参与程度进行划分，可分为高参与型客户、中参与型客户、低参与型客户

Engel & Blackwell(1982)对消费者行为的研究将顾客参与的类型分为两种：高参与型和低参与型。高参与型顾客被定义为理性消费者，他们用理性思维来思考问题并做出决策，最终达到解决问题的目的；低参与型顾客将产品视作同质化的，不会对相关产品信息进行详细搜寻，因此对于客户参与并没有太大的意愿。Ennew & Binks(1996)通过服务业的实证研究，将顾客分为参与者、非参与者，因此对应参与、不参与两个二值变量。Bitner 等(1997)将服务业中的顾客参与划分为三个层次：低、中、高三种参与程度。低参与是指在服务提供过程中由公司员工完成所有服务工作，而顾客只需被动接受服务；中参与是指顾客在接受服务的过程中，提供信息、付出努力或者提供实物参与进来以达到良好的效果；高参与是指顾客与企业共同创造服务产品，如不参与会严重影响服务产品。Meuter & Bitner (1998)提出三种顾客参与的层次，即由企业提供服务、由企业和顾客共同提供服务、由顾客提供服务。Pine & Gilmore(1998)提出顾客参与是顾客获得体验感受的必要条件，他们将顾客参与划分为从主动到被动的连续变量：主动参与是指顾客在价值创造的过程中起到关键作用，而被动参与是指顾客对产出无显著影响。Prahalad & Ramaswamy(2000)也采用了此方法，认为：顾客主动参与扩大了价值

网络，让顾客和企业共创价值；而在被动参与情况下，顾客角色只是被动的终端购买者（张祥，2007）。

2）按参与对象分，可以分为服务型客户参与以及产品型客户参与

Zeithaml（1981）提出顾客参与是指消费者在服务生产与消费的过程中，参加服务设计和服务传递的行为。在某些服务中，想要达到良好服务质量与令人满意的效果，顾客参与是非常必要的。Zeithaml（1981）认为在健康保健领域中，要想产生正面结果，必须要病人主动参与并提供充足的信息与足够的自我投入，所以健康医疗等服务需要顾客主动积极地参与。Lovelock（1983）认为在整个服务过程中顾客的参与，以及和服务人员的互动通常是产生服务经验的原因。理发店、旅馆、学校以及培训有许多服务是有服务人员与顾客一起共同参与的。国内学者如彭艳君（2008）对美发行业进行调研，发现客户通过情感、感知控制和关系纽带影响感知服务质量，从而对客户的满意度产生影响。易英（2006）则通过家装行业，分析了顾客参与与服务质量、顾客满意及行为意向的关系。Namasivayam（2003）用顾客在生产过程中的角色来定义顾客参与，并把顾客参与的定义扩大到服务和产品领域。许多学者的研究对象均是在产品生产领域。Buiten（1998）研究认为客户参与在互联网产品的设计开发中具有十分重要的作用。Füller & Matzler（2007）阐述了客户参与在奥迪车的虚拟产品体验中所起到的作用。国内学者如张祥（2007）则通过对汽车行业，对顾客化定制中运作方式和策略的选择及其与顾客的关联性、职能策略与顾客策略的匹配以及顾客参与价值共创对企业竞争能力的影响进行了研究。

3.2.2 客户参与阶段与动因

1. 客户参与阶段

Bettencourt（1997）介绍了一个非常有趣的模式，可以作为客户参与生产理念的重要组成部分。他认为，客户作为企业的部分员工有三种重要的角色：客户作为发起人、客户作为人力资源、客户作为顾问。根据三种角色的理论，Baqer（2006）认为客户参与生产的过程中有三个阶段：生产前准备阶段、产品开发阶段、后期处理阶段，分别对应上述三种角色。在生产前准备阶段的联合生产，客户可以充当信息企业一个非常重要的来源，可以在开发创造新产品和服务，甚至在提高现有的服务和产品时提供重要的信息（Bettencourt，1997）。在这个阶段，仍然可以将客户看作

顾问,尤其是对发展和完善企业的产品和服务提供建议时。在产品开发阶段,顾客参与了制造和设计新产品,也参与改善了无论是通过与公司员工互动,还是执行自己的角色作为合作生产者时所提供的服务质量(Bitner,等,1997;Bettencourt,1997)。Bettencourt(1997)将客户的协同作用定义为人力资源的描述将适合于联合生产中该阶段的目的。在这个阶段,客户有强烈的需要去了解本身的职责和责任。定义在这个阶段中客户的角色,将有助于提高公司与客户之间的信任(Prahalad & Ramaswamy,2003;Bendapudi & Leone,2003)。在后期处理阶段的联合生产,客户作为部分员工的角色不会停止,而是继续采取一个新的对企业的成功和竞争力十分关键的角色。在这个阶段,客户可以作为该企业的活动发起人(Bettencourt,1997)。Füller & Matzler(2007)采用案例研究法,把客户参与新产品开发分为创意阶段、设计开发阶段、产品测试支持阶段。

笔者从这些研究中得到启发,按照企业新产品开发的流程,将客户参与的阶段划分适当在新产品开发的前后做了延伸,分为创意前端阶段(Ⅰ)、设计开发阶段(Ⅱ)、产品测试与商业化阶段(Ⅲ),如图 3-2 所示。

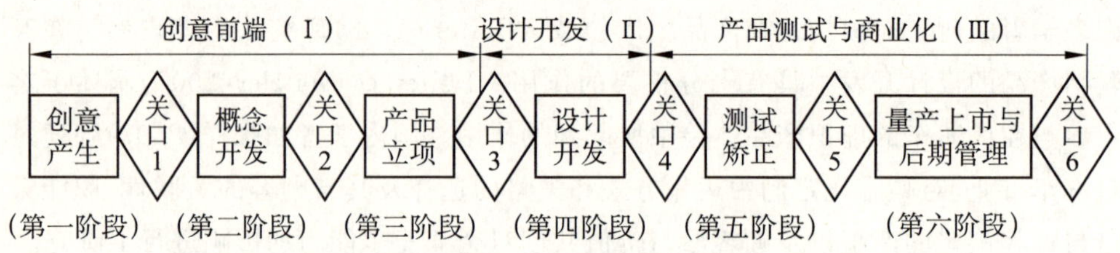

图 3-2 客户参与新产品开发的阶段

2. 客户参与动因

客户参与与被动消费行为不同,是一种客户主动行为。然而一些学者认为客户参与这种看似主动行为的背后其实也隐含着被动的原因,他们认为客户参与行为其实是由主动与被动共同作用而完成的。

客户被动参与的原因是存在感知风险,即客户感到如果仅仅由公司独自设计产品再生产可能无法产生令自己满意的结果(比如产品的独特性、产品的实用性、产品的美观程度等),此时,为了最终拿到的产品符合其预期,客户就会为此“不得不”参与到企业的设计生产等过程中来,形成客户参与,我们将之称为外在性参与。如果客户对企业完全有信心,认为企业即使没有自己的参与也一定能够生产出令自己满意的产品，那么客户就会倾向于减少这种参与，因为客户要为此付出时间、精力等成本。感知风险主要表现为以下几个方面：担心达不到预期、担心不能满足个性化需求、担心产品的质量水平低。

客户的主动参与则相应地称为内在性参与。这种内在性驱动力包括独特性需求和对供应商的信任两个主要因素。在独特性需求的内驱力作用下，客户通过参与本身会得到一种独特的满足感，这种满足感是仅仅通过购买产品无法满足的；而供应商与客户建立的信任关系，以及供应商给予客户的各种收益（折扣、体验）也会增进客户的主动参与。

3.2.3 客户参与前因变量与意义

1. 客户参与前因变量

关于客户参与的前因变量，目前的研究可以大致分为三个方向：一是与产品服务等相关的外部因素的推动；二是源于客户自身内心需要的内部因素的驱动；三是客户知识等参与能力因素。

1）在客户驱动的外在因素研究方面，学者们从多方面进行了探讨

Silpakit & Fisk(1985)从情境因素（物理环境、社会环境、财务状况等，服务定制化水平、服务传递方式、服务便利性及顾客参与可减少的成本）和服务特征两方面进行了研究，研究结果表明，这些因素均为外部环境所引致。Laurent(1985)则在产品对客户的重要性方面进行了研究，认为产品对客户而言，重要性越高，客户的参与行为就会越明显；产品对于消费者的象征意义（如身份象征、地位象征）越高，客户在这类产品上的介入程度比较高。Xiaohua(2004)通过中国公司和美国公司的对比研究，提出客户驱动的外部因素包括环境因素（技术趋势等）、行业背景（产品复杂性等）及组织因素。Grewal(2001)等以电子商务为背景，对客户参与的原因进行了研究，主要对效率和合法性等外部因素进行了探讨。耿先锋(2008)以医疗行业为例对感知风险对顾客参与的驱动作用进行了实证研究，研究结果表明时间风险、绩效风险、心理风险、财务风险都会显著影响顾客的参与行为。

2）个体是创造性活动的来源，客户的内在心理必然是这些行为的动力来源

在客户驱动的内在因素研究方面，Lovelock(1983)指出客户是否愿意参与到生产或者服务过程中来，主要取决于内在动机的驱使，客户可以独立自主地根据自

己喜好来决定是否参与。Bateson(1985)从客户对所需时间的感知及控制感的感知两个方面对客户参与的影响进行了研究，指出客户对所需时间的感知及控制感的感知是影响客户使用自助服务意愿的两大重要因素。这个研究说明客户参与到服务中去不只是为了考虑降低成本，也存在心理需要的动机满足，在服务业中，有些消费者宁愿牺牲服务价格、便利性，也要参与到服务过程中去。对时间的感知则主要表现为对参与时间感知成本，类同于其他学者的感知风险中的时间风险的概念，客户在参与过程中会付出时间等成本，但是仍然会选择参与到服务中去。Silpakit & Fisk(1985)也对客户内在因素进行了探讨，指出客户因素是指客户社会角色、客户精神需求、自我感知、感知风险等。Rodi & Kleine(2000)认为客户参与的重要动机来自心理层面，包括获得享受体验、控制感和自我实现感等。首先，消费者从参加活动的经验中直接感受到的强劲程度，包括享受体验和流畅体验，使消费者能够获得幸福和快乐感受。其次，消费者参与的任务，可能会面临一些挑战，消费者需要投资在理智与情感的资源参与来完成参与这个挑战的任务会激发消费者的自我意识，当消费者参与过程完成后，将实现他们的潜能和在自我实现中获得控制感。Lloyd & King(2003)的研究表明获得心理满足是客户参与的重要前因变量。他认为客户参与最主要的原因是，享受合作生产的过程给参与者带来的乐趣(如维护草坪、健身运动、获取新技能等)。他认为，获取控制感是心理愉悦感的重要来源，客户参与的积极性会因为控制感的满足而大大提高。徐岚(2007)通过独特性需求这一客户的内在动力检验了客户参与行为的影响。他认为，独特性需求通过独特性产品需求和独特性体验需求两个维度起作用。首先，该产品可以作为独特的象征意义的载体，消费者希望通过独特的产品的消费，形成一个独特的自我形象和社会形象。其次，消费者将参与企业生产设计活动作为一种经验的创作过程，他们可能会从他们的创新过程中汲取独特性和复杂性的经验，通过这种独特的体验来达到所需水平的刺激，因此消费者的独特性体验需求对创造意愿产生显著的正面影响。

3) 客户知识等参与能力因素是客户参与的重要影响因素

Cheng(1995)对客户能力对客户参与的影响进行了实证研究，指出客户能力是客户参与的重要影响因素，客户参与能力越强，其参与程度越高。客户参与能力包括客户知识、客户的经验、沟通能力及可支配的时间与精力等，其中客户知识是最重要的参与能力因素。他指出客户拥有相关领域的知识越多，对主要的决策就有充足的信心，因此更倾向于成为一个积极的参与者而不是一个接受者或辅助者。

相反，如果客户拥有的相关知识越少，则越会小心翼翼，从而更易成为一个被动的参与者（张文敏，2012）。

综上，客户参与的前因变量主要包括外在因素、客户内心因素和客户能力三方面。

2. 客户参与的意义

客户参与的意义主要从对企业的影响以及对客户的影响两方面展开，同时不少学者认为客户参与的意义并不总是积极的，有时也会带来消极的影响。

1）对企业的正面影响

客户参与对企业的正面影响研究主要从提高企业创新绩效、提升服务绩效和增加企业价值贡献三方面展开。

（1）客户参与可以提高企业的创新绩效。客户参与是企业进行产品与服务创新的重要源泉。目前，客户参与对企业创新的文献讨论主要在产品制造业中展开，Urban & Hippel(1988)以印刷电路板—计算机辅助设计为背景进行研究，验证了客户参与与创新绩效之间的正向联系。Herstatt & Hippel(1992)以管束设备产业为背景进行研究，发现领先用户的参与大大提高了产品的创新绩效。Luthjet & Christian(2000)以户外运动器械行业为背景对客户参与企业的创新进行了研究，也得出了类似的结论。Franke & Shah(2003)发现，客户参与创新明显地提高了产品新颖性、市场潜力与产品商业化的程度。Luteberget(2005)同样也用领先用户进行研究，指出，相对于普通客户，具备极强创新能力的领先客户，由于他们具有丰富的专业知识，熟悉技术开发，其创新行为往往更有助于提升产品创新的绩效水平。Fang(2008)以制造业为背景对组织客户参与行为进行了实证研究，指出客户参与对企业创新的影响体现在对产品革新和新产品上市速度的影响两方面。张文敏(2010)对制造业中基于客户体验的客户参与行为创新进行了探讨。而在服务企业领域，也有一些学者对这个假说进行了实证检验。如范秀成和张彤宇(2004)等研究提出，对服务业来说，客户参与是企业创新的源泉，服务企业可以利用客户参与行为客户创造新的价值，从而开拓新的市场。一些学者同时指出，尽管与制造业行业的创新相比，服务创新具有更多不确定性过程，但是客户参与服务创新实际上也是非常必要和重要的。

（2）客户参与可以提升企业的服务绩效。Lovelock & Young(1979)从营销学的角度指出客户参与可以提高服务生产率。他们通过在营销管理上变革管理成功的案例研究，提取了美国五个服务领域企业成功最主要的因素，就是将外部资源内部化，即将客户视为组织的内部员工，让客户与员工共同创造服务的产出，激励客户参与服务生产和传递的过程，从而提高服务绩效。Mills & Morris(1986)等认为，企业的边界因为客户参与这种类似企业"合作生产"的行为而拓展了。客户参与了服务的生产和传递过程，客户不再是外部的来源，而是成了"兼职员工"，为服务生产付出了时间、努力、智力等其他资源，并承担了部分原来应由企业完成的工作。由此，企业的成本将会降低，客户跟员工一样通过时间、精力等的投入增加组织的生产率。Horstmann & Macdonald(1994)指出客户在购买之前的期望水平，会随着客户参与体验的持续深入而逐渐发生变化，而且客户参与水平的变化也会影响客户的期望水平。客户不仅通过付出时间、精力等方式提高企业的生产效率，而且通过客户参与可以改变客户的期望进而提高生产效率。Bowen(1986)、Mills & Morris(1986)等认为在生产过程中所涉及的客户是生产力的增长源，如果客户能够提供完整信息，那么企业就可以降低交易所需的时间和组织成本。企业可以通过降低的成本来改善服务质量，进一步提高组织的生产力，从而获得更好的服务生产力。Jones(1988,1990)指出在餐饮服务中，客户自助选择和自我服务会显著提高组织的生产率。Brond(1997)也指出在服务的创造和传递过程中通过客户参与可以调整服务质量是客户参与的一个重要意义。Ford & Heaton(2001)指出客户在参与过程中会与其他客户进行交流，还可以通过影响其他客户，将自己的意见放大，反馈到企业的决策，从而间接影响企业的服务绩效。

(3) 客户参与可以增加企业的价值贡献。客户参与对企业的价值贡献主要集中在客户参与对企业经济价值的作用上。有的学者进一步解释，认为客户参与增进了客户与企业之间的互动，促进了彼此之间关系的发展，通过发展良好而持续的客户关系可获得关系收益，从而增加企业价值。王永贵(2006)总结认为客户参与对企业的价值影响主要通过三条途径实现：一是财务贡献，即客户对特定企业的持续购买带动企业产品的销量，从而为企业带来的价值增值；二是社会贡献，客户通过客户与客户之间的口碑相传以及推荐，为企业带来更多的客户，为企业建立持续的正面声誉；三是知识贡献，客户可以提出自己的价值主张(Gronroos,1990)，同时利用自己的信息和知识，积极主动地参与价值的共同创造(Bolton,2004)。

2) 对企业的负面影响

随着客户参与活动的深入，国内外学者开始关注客户参与的负面影响。Bowen等(1985)指出尽管部分消费者被视为员工，但实际上相对于正式员工而言，企业对这些所谓的"员工"所能加以掌控的能力很小,对客户的管理非常困难,所以,消费者的参与可能会导致服务过程的不确定性增加。Silpakit & Fisk(1985)研究指出,如果客户参与服务的程度比较高,客户可能会认为绝大多数服务是自己完成的,认为企业在服务过程中所做出的贡献过于渺小,从而对企业产生不满。Fodness等(1993)从客户参与对竞争力的影响角度,对客户参与的负面影响进行了研究。他指出客户通过参与行为后,对企业的服务流程会非常熟悉,由此带来两方面的担忧。首先,由于信息的对称性提高,公司相对于客户的议价能力减弱,企业在与客户的谈判过程中会处于相对弱势。其次,一旦客户掌握服务流程的重要信息,可能会传递给同行竞争者,加剧行业的内部竞争,并使企业的竞争形势处于不利的地位。Bowen & Ford(2002)指出,客户参与会对企业正式员工的工作压力方面产生负面作用,因为客户参与使得企业员工受到替代性威胁,程度过高的参与会给员工带来工作压力。Kimmy 等(2010)通过客户和员工的配对样本研究,为客户参与对员工压力带来的负面影响提供了实证证据,并且客户参与也增加了企业的开支,例如对客户的培训及报酬等使得企业的财政压力加大,最后客户并不一定能够很好地感受和理解到自己在整个过程中的角色与所需承担的责任,也许会给企业带去错误的或者具有误导性质的信息,从而导致企业的创新绩效或者营销行为的失败。

3) 对客户的影响

有关客户参与的研究主要集中在对企业的影响上,从客户的角度,尤其是参与对客户的心理过程和心理评价的影响方面的文献比较少。目前客户参与对客户的影响主要表现在客户参与会对客户满意度产生影响,对客户价值产生影响。

(1) 客户参与会对客户满意度产生影响。从目前的研究来看,客户参与与客户满意之间的结果是不确定的。主要有三种观点。一种观点认为,客户参与可以正向提高客户的满意度。另一种观点认为,客户参与也可能对客户满意度产生负面影响。Kellogg 等(1997)提出客户参与的准备行为和建立关系行为与满意度呈正向的关系,而信息交换行为和干涉行为则与满意度呈负相关。Kimmy 等(2010)提出客户参与是把双刃剑,它既能提高企业的营销,增强企业与客户的关系,同时也会增加员工的工作压力从而降低员工的满意度,进而对客户满意产生负面影响。汪涛和望海军(2008)指出,客户参与导致客户满意是须在客户的预期作为调节的一定前提下才是正相关的,如果服务结果比客户预期的好,客户参与将使客户满意;若不是,反而会使客户不满意。还有种观点认为,客户参与和客户满意之间的相关不显著，如 File(1992)、Claycomb 等(2001)的实证研究结论就是如此。综上，客户参与和客户满意的结果不确定主要原因是客户满意的因素比较复杂，并且不同行业中客户参与的形式特点差异较大，而多数实证研究只针对某一具体行业，因而，会得出不同的结论(张文敏，2012)。

(2) 客户参与会对客户价值产生影响。客户可能并不关心他的参与会对企业生产率、企业价值提高有多少正面作用。Kotler(1989)提出在一定的约束条件下，客户是最大化价值的追求者。因此，客户更应该关注的是他们自己的需求通过参与有没有得到满足。也就是说，客户关心自身参与能在多大程度上增加收益与价值。管理学大师 Drucker 指出，企业的首要任务就是创造客户，而创造客户的前提是企业能够为客户创造价值。因此，如何为客户创造更大的价值是企业能否持续发展的关键。目前从客户的角度来看，客户参与对客户价值的影响的文献主要集中在经济价值、心理收益两个方面。

首先，客户参与可以提高经济价值。经济价值是指因为客户参与而获得财务相关的收益(Gassenheimer，1998)。学者们的研究着手点早期主要集中在客户参与对经济价值的影响方面。他们认为客户参与的主要原因是为了金钱等财务刺激。然而 Bateson(1985)却提出即使不存在金钱等财务刺激，客户仍然会选择自助服务等参与形为的方式，于是在此基础上，Bateson 提出了节约时间刺激外，也增加客户的控制感、独立感等因素。Kimmy(2010)等提出通过客户参与，能够获得更好的服务质量、个性化的定制服务从而提升客户的经济价值。

其次，客户参与可以增进客户的心理价值。客户通过参与来满足其心理利益，范秀成和张彤宇(2004)分析了客户参与的作用机理：第一，客户参与服务生产可以降低服务质量的不确定性，给心理带来安全感；第二，客户参与服务生产可以享受乐趣；第三，体验利益和感知控制参与行为会给客户带来新奇感；第四，在客户参与群体中可以体验到友情和归属感。

3.2.4 客户参与维度与测量

客户参与是本书研究的关键构念，但目前国内外尚没有成熟的量表，表 3-2 是近 30 年来国内外关于客户参与具有代表性的研究者，最早开始定义客户参与的是 Chase(1978)，其提出“客户接触”概念是客户参与的雏形，并以客户用的时间把客户接触分为高接触、低接触两种方式。Zeithaml(1981)提出客户参与会影响产品或服务的质量。Gronroos(1982)研究出服务质量模型就像服务质量一样,将客户质量分为客户技术质量与客户功能质量,客户技术质量即指在服务中客户参与贡献了什么,包括信息提供、如半个员工般的劳动努力,客户功能质量即客户如何与企业和员工间人际互动,包括友善、尊重。Lovelock(1983)研究提出由于消费与生产不可分割的关系,客户参与会改进生产力。Bateson(1985)研究表明客户参与和

表 3-2 国内外客户参与代表性研究者

研究者	维度	方法	样本
Gronroos(1982)	客户技术质量(信息提供、如半个员工般的劳动努力)、客户功能质量(友善、尊重)	没有具体测量	没有具体测量
Silpakit & Fisk (1985)	精神投入、体力投入、情绪投入	没有具体测量	没有具体测量
Kelley,等 (1990)	客户技术质量、客户功能质量	基于 Gronroos (1983)服务质量模型	没有具体测量
Cermak(1994)	客户在参与中付出时间和努力程度	李克特 10 点量表问卷调查	476 名慈善捐款超过 100 万美元的商人
Kellogg,等 (1997)	事前准备、信息交换、干涉行为、关系搭建	关键事件法(Critical Incident Technique)对受试者进行笔试调查	1994 年收集 216 个样本,1997 年再加试 323 人,共 521 个样本
Bettencourt(1997)	忠诚、信息分享、合作行为	李克特 7 点量表问卷调查	回收 25 个杂货店的有效问卷 215 份
Ennew & Binks (1999)	信息分享、责任行为、人际互动	李克特 5 点量表问卷调查	对参加私企论坛的 3 483份小型金融业问卷进行二次抽样,抽出 1230 份
Claycomb,等 (2001)	消费频率、信息提供、合作生产	李克特 5 点量表问卷调查	美国中西部某城市基督教青年会成员,共收回 127 份
Lloyd(2003)	付出努力、工作认知、搜寻信息	李克特 6 点量表问卷调查	503 份问卷(其中电话银行行业 197 份、旅游行业 306 份)

续表

研究者	维度	方法	样本
Hsieh & Yen (2005)	消费频率、信息提供、合作生产	李克特5点量表问卷调查	60个各类餐厅中与客户接触频繁的服务员，共发放555份文件，回收313份
Fang(2008)	信息提供、共同开发	李克特7点量表问卷调查	在B2B制造业中，向供应商发放问卷143份，向过去2年参与过供应商产品改进的代工OEM商发放问卷92份
Yi，等(2011)	客户参与行为、客户公民行为	李克特7点量表问卷调查	一家大型电子公司，共332位客户，142位员工，31位经理参与问卷调查
Lin & Huang (2013)	信息提供、共同开发	李克特7点量表问卷调查	225家中国高新技术企业经理
易英(2006)	付出努力、工作认知、搜寻信息、人际互动	李克特5点量表问卷调查	206名杭州家装市场的顾客
彭艳君(2010)	事前准备、信息交流、合作行为、人际互动	李克特7点量表问卷调查	北京、武汉、青岛、宁波、西安五个城市的389位消费者
汪涛 & 郭锐 (2010)	信息分享、责任行为、人际互动	李克特5点量表问卷调查	武汉大学、浙江大学、中山大学、中南财经政法大学171名EMBA产品经理
姚山季 & 王永贵 (2011)	信息提供、共同开发、顾客创新	李克特5点量表问卷调查	228位研发人员及生产管理人员

客户满意度的增加程度有关。Silpakit & Fisk(1985)把客户参与定义为三种行为即客户精神投入、体力投入、情绪投入。Bowen(1989)在研究中发现客户参与的感知程度与客户参与任务本身有关，给客户认知自己参与共同生产服务的角色，有助于提升客户参与的感知程度。Kelley等(1990)研究表明客户参与服务主要通过信息提供和付出努力来实现，客户参与可以提高信息流动性。Reichheld & Sasser (1990)研究得出，有效的客户参与能显著提升满意度、忠诚度，并可以提高组织绩

效。这些学者虽然把客户参与服务或者产品的定义、功能、实现方式、激励方式等做了研究,但没有提出如何对客户参与进行具体测量。

Cermak(1994)首次提出客户参与可以测量,即用客户在参与中付出时间和努力程度单个问题,之后的学者开始也采用多个指标组合形式来测量客户参与。Lengnick-Hall(1996)首次提出了客户在生产和服务的参与中主要扮演信息提供者(Information Providers)和共同开发者(co-developers)的角色,并从组织理论、服务营销、战略管理、全面质量等方面提出一个更复杂的概念模型,这个角色分类观点被后面的学者广泛引用。Kellogg 等(1997)用事前准备、信息交换、干涉行为、关系搭建四个维度来测量。Bettencourt(1997)用忠诚、信息分享、合作行为三个维度来测量。Ennew & Binks(1999)用信息分享、责任行为、人际互动三个维度来测量。Claycomb et al. (2001)、Hsieh & Yen(2005)用消费频率、信息提供、合作生产三个维度来测量。Lloyd(2003)用付出努力、工作认知、搜寻信息三个维度来测量。Fang(2008)参考 Lengnick-Hall(1996)的前期研究,在权威杂志 *Journal of Marketing* 上发表文章,从客户参与的两种角色即信息提供者和共同开发者出发,将客户参与的维度考虑为:CPI(customer participation as an information resource)即信息提供、CPC(customer participation as a codeveloper)即共同开发,维度提出后被大量沿用。Lin & Huang(2013)在实证分析中,继续使用信息提供、共同开发来测量客户参与,结果表明信度和效度很高。国内学者易英(2006)参照 Lloyd(2003)、Ennew & Binks(1999)所提维度提出用付出努力、工作认知、搜寻信息、人际互动四个维度测量;彭艳君(2010)借鉴国外多数学者的共同维度选取事前准备、信息交流、合作行为、人际互动四个维度来测量;汪涛 & 郭锐(2010)参照Ennew & Binks (1999)的测量维度;姚山季 & 王永贵(2011)在测量客户参与时,首先借鉴 Lengnick-Hall(1996)、Fang(2008)的"信息提供、共同开发"维度,其次参照 Hippel (1986)中领先用户在新产品开发中可以提供创意、共同生产并进行产品创新,提炼出"顾客创新"维度。

从目前各类文献的引用频次来统计,Ennew & Binks(1999)、Lloyd(2003)、Fang(2008)是在客户参与研究维度中被引用最多的学者,他们提出的测量之间也有着高度相关的关系:Lloyd(2003)"搜寻信息"维度对应着 Ennew & Binks(1999)的"信息分享"维度,都是指在"服务提供者与顾客间传递信息"方面的维度;而Lloyd(2003)"付出努力""工作认知"维度对应着 Ennew & Binks(1999)的"责任行为"维度,都是在"顾客在与服务提供者关系中,顾客要认知和理解工作并付出努力去履行责任”方面的维度；Ennew & Binks(1999)的“人际互动”维度，指的是“服务传递过程中顾客与服务提供者的互动”包括一些人际关系方面的因素：信任(trust)、可靠(reliability)、支持(support)、合作配合(cooperation)、灵活性(flexibility)及承诺(commitment)等。从Fang(2008)文献与Ennew & Binks(1999)、Lloyd(2003)等文献比较来看，“信息提供”(CPI)维度对应“信息分享”“搜寻信息”，可以反映在客户参与中“客户向企业传递信息”；“共同开发”(CPC)维度对应“付出努力”，可以反映在客户参与中“客户重要程度、投入智力、投入精力、投入体力、花费时间等”。但Fang(2008)文献没有反映出“工作认知”“人际互动”方面的维度。

本研究客户参与采用“工作认知、信息提供、共同开发、人际互动”四个维度来测量，具体原因在第5章5.2.2中阐述。

3.3 吸收能力

3.3.1 吸收能力定义

吸收能力的概念首先由Cohen & Levinthal(1990)在*Administrative Science Quarterly*期刊中以“吸收能力——学习和创新的新视角”文章提出，该文把Cohen & Levinthal(1989)的研究发现“研发投入可使企业有更强的技术能力去吸收外部知识溢出”中“吸收外部知识溢出的能力”进一步明确定义为吸收能力，即“吸收能力是企业对外部新知识的价值进行识别，将其消化吸收并最终利用于商业化的能力”，这一定义包括三种能力：知识获取识别能力、知识消化吸收能力、知识利用能力。Cohen & Levinthal(1990)并认为吸收能力是企业先验知识(prior related knowledge)的函数，企业先验知识包括企业的基本技能、行业共同语言、研发水平等，吸收能力来源于持续学习后获得先验知识并持续积累的效应；组织整体吸收能力取决于组织内个体的吸收能力；研发投入对吸收能力有直接贡献。这一概念的提出被认为是20世纪90年代组织研究领域最重要的议题之一，且在战略管理、组织经济学、国际商务及技术管理等领域内被广泛运用。

Mowery等(1996)在前人的研究基础上，提出了新的吸收能力定义，认为吸收能力是企业用来处理外部转移新技术中的隐性知识并调整适合企业使用的一种技能，这种技能能够帮助企业吸收外部新技术，并且转化为本企业的资源，运用到本企业的发展中。Kim(1997a;1997b;1998)进一步提出了第三种吸收能力的概念：吸收能力是企业学习能力以及利用新知识解决实际问题的一种能力。

Zahra &George (2002)在吸收能力概念首次提出12年后，在*Academy of Management Review*上发表综述文章，重新提出吸收能力定义，认为吸收能力是"企业一系列的组织规则和流程，通过这些规则和流程，企业可以获取(Acquire)、消化(assimilate)、转化(transform)并利用(exploit)知识以开发一种动态的组织能力"，最终增强企业的竞争优势。这一定义包括四种能力：知识获取能力(企业对外部知识识别和获取的能力)、知识消化能力(企业理解、解释外部知识的能力)、知识转化能力(企业把已经识别获取并消化的新知识同原有知识融合成自有知识的能力)、知识利用能力(企业把获得和转化的知识进行提炼、利用、创造)。Zahra & George (2002)进而提出吸收能力有两部分构成，即潜在吸收能力(由知识获取能力和知识消化能力组成)、实际吸收能力(由知识转化和利用能力组成)，潜在吸收能力是实际吸收能力的前提，而实际吸收能力作为结果，使企业具备了战略柔性；企业吸收能力作为一种动态能力会随时间而改变。这种动态方法将企业的知识资本不断地重新配置，这个定义提出后被大量引用至今，其具体作用机制如图3-3所示。

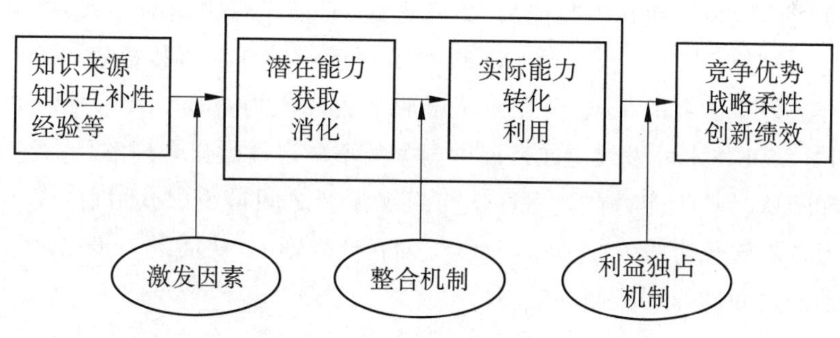

图3-3 吸收能力的作用机制

资料来源：Zahra & George (2002)。

Zahra & George(2002)在界定吸收能力时，将前面三种界定的维度都吸收整合进来，总体上来说比较全面和完整，并将企业的吸收能力同企业的流程联系起来，通过这种分析研究，可以观察到企业知识的存量和流量状态，而企业的知识是企业发展竞争的关键，为此，可以从企业的流量和存量中分析研究企业的竞争优势如何。

从众多学者对于吸收能力的研究文献中可以概括出以下结论。

(1) 吸收能力是一种相对能力，而非绝对能力(Lane & Lubatkin，1998)。

(2) 吸收能力是一种动态能力(Zahra & George，2002)。

(3) 吸收能力与组织学习过程紧密联系(Lane & Koka，2002)。

(4) 增强吸收能力可以提升企业创新能力，进而改善其技术创新绩效(Lichtenthalr，2009；Guan，2009；Zeng，等，2010)，通过创新绩效，又会增强企业的吸收能力，这种循环推动，促进企业不断发展(Kim，1998)。

近年来，国内学者开始关注企业自有吸收能力的研究，并没有对吸收能力的定义进行修正，更多的是应用国外已有文献的吸收能力定义。吴晓波和陈宗年(2005)从企业所处的产业环境、自身的资源和所吸收的技术特性三种维度对影响企业技术吸收能力的因素进行了分析，提出了增强企业创新吸收能力的对策建议；唐方成和席酉民(2007)针对在网络组织的知识转移过程中知识释放者与吸收者之间的双向互动作用，根据知识的吸收能力提出了网络组织中成员的知识释放能力的概念，分析了网络组织中成员的知识释放能力的差异性；李纲和刘益(2007)在同时考虑知识溢出和吸收能力的情形下，建立了一个双寡头企业的合作研发模型，分析了双寡头企业的研发投资活动及其对企业产量、利润的影响，提出了存在纳什均衡的条件并讨论了该条件下吸收能力和知识溢出的关系；张军果和任浩(2007)为了揭示联盟内竞争企业在吸收能力、研发方式、研发投资之间的关系，提出了一个三阶段博弈模型；陈钰芬和陈劲(2008)在回顾近年来外商直接投资(FDI)对东道国技术外溢效应研究的基础上，探析了吸收能力和人力资本对技术外溢效应的影响，力图对 FDI 技术外溢效应在发展中国家的不确定性做出合理解释；阎海峰和陈利萍(2009)认为吸收能力在智力资本与组织创新之间扮演中介角色，表明企业拥有的智力资本转化为吸收能力后，对组织创新产生影响，从而进一步揭示智力资本与组织创新之间的作用机制。

3.3.2 影响吸收能力的因素

Cohen & Levinthal(1990)指出企业自有吸收能力的影响因素与先验知识、沟通气氛、沟通网络、知识扫描有关；Luo(1997)指出企业专业技术人员占所有员工的比例代表企业的技能，会直接影响吸收能力；Rocha(1999)从企业研发支出占销售收入的比例或总研发支出来反映企业吸收能力；Van den Bosch 等(1999)认为企业自有吸收能力水平与企业先验知识、组织结构、整合能力(协调能力、社会化能力、系统能力)有关；Daghfous(2004)将影响企业自有吸收能力的因素分为内部因素、外部因素两类，内部因素包括企业先验知识、员工的学历、背景与知识的多样性、研发强度、企业规模、组织结构、组织文化等；外部因素为企业的知识环境和其在知识网络中的位置；Nieto & Quevedo(2005)从企业外部环境、组织经验和知识水平、知识结构的多样性和重叠、战略定位四个影响因素对吸收能力开展研究；Abreu 等(2008)指出，企业自有吸收能力不仅与企业投入研发的强度有关，还与企业的先验知识、组织结构、与外部开展合作的类型和频率等因素有关；Murovec & Prodan(2009)认为，影响吸收能力最重要的因素是对环境发生变化的态度、内部研发、员工培训、创新合作，进一步他们把吸收能力细分为两方面——科学驱动的吸收能力、需求拉动的吸收能力。

由此可见，影响企业自有吸收能力的因素十分复杂，包括企业先验知识、员工知识积累水平、企业研发强度、企业资源储备、企业规模、企业行业特点、企业属性等。吸收能力对创新绩效的作用也不尽相同，其中，企业创新网络、市场环境等均可能产生不同程度的作用。

3.3.3 吸收能力维度与测量

表 3-3 列举了国内外吸收能力代表性研究者，及其吸收能力测量维度、样本/数据处理方法、主要发现。

表 3-3　国内外吸收能力代表性研究

研究者	吸收能力测量维度	样本/数据处理方法	主要发现
Cohen & Levinthal (1989)	没有明确提出吸收能力的定义，提及研发投入可使企业有更强的技术能力去吸收外部知识溢出	联邦贸易委员会获取的 1975—1977 年间，各公司金融业务中销售额和资金转移的比例/评估模型	公司对 R&D 的投入不仅能够追求产品创新，而且会提高并保持更广泛的技术能力和开拓外部可用资源的能力
Cohen & Levinthal (1990)	研发强度(研发支出占销售收入的比例)	美国制造行业 318 家公司的 1 719 个部门/多元回归分析法	吸收能力存在并且与研发强度正相关，研发创造了消化和利用新知识的能力

续表

研究者	吸收能力测量维度	样本/数据处理方法	主要发现
Mowery & Oxley (1995)	1. 研发培训投入 2. 增强竞争力的政策	世界各家的金融数据/统计分析方法	在战后阶段利用国内的资源开发国外的技术更重要；国内创新系统对内部技术的转化的贡献在初级阶段主要通过创造技术产品和技术人力资源实现，并且该贡献深受经济和贸易政策的影响
Keller(1996)	新科技的吸收：自给自足和贸易进口	新型工业国家的金融贸易数据/统计分析模型	技术领先者和追随者的差距不能够仅仅依靠外向型贸易政策制度来缩小
Mowery，等 (1996)	B公司专利引用A公司专利数占协议前B公司总引用专利数的比例	792家美国联盟公司/多元回归分析法	吸收能力在允许合作方在协议外获取技术支持方面起着重要的作用
Luo(1997)	专业技术人员占所有员工的比例	116家中外合资企业/多元回归分析法	吸收能力与合资企业的市场和财务绩效指标正相关
Dyer & Singh (1998)	1. 认知有价值的知识 2. 吸收知识	综合前人研究思想，提出假设并验证	特殊关系资产、知识共享规范、互补性资源或能力以及有效治理对企业是吸收能力具有重要影响
Kim(1998)	1. 先验知识 2. 努力程度	现代公司的数据/建模分析	通过对现代公司的研究构建学习模型，并讨论其通用性
Lane & Lubatkin (1998)	1. 评估新知识能力 2. 消化新知识能力 3. 商业化新知识能力	1985—1993年69家制药及生物技术研发非资产国际联盟/多元回归分析法	联盟的成功受各方之间知识的相关性、研发领域的相似性和组织结构相似性等因素的影响
Wong，等(1999)	1. 适应能力 2. 应用能力 3. 生产能力	中国台湾49家从属IT产业的公司100个项目/多元回归分析法	吸收能力与技术转移的效果正相关并强调非正式的培训和学习的重要性

续表

研究者	吸收能力测量维度	样本/数据处理方法	主要发现
Rocha (1999)	研发支出占销售收入的比例或总研发支出	72家高科技企业(日本27家,欧洲23家,北美22家)/多元回归分析法	研发水平与合作倾向无正相关关系
Van den Bosch,等(1999)	1. 成本 2. 知识的广度 3. 重组知识的能力	荷兰主要的金融和商业信息的出版商(HFD)与荷兰前国家出版和印刷工作室(SDU)的案例分析/比较分析、经验分析	通过案例分析得出组织形式和集合能力对吸收能力具有不同的影响,随着知识环境的不断丰富和多元化,企业需要通过改善组织形式和调整结合能力来提高吸收能力
Kim(2001)	1. 现有知识基础 2. 努力程度	韩国的经济统计数据/层次分析法	以韩国为例,通过搭建分析框架研究韩国在工业化技术学习的动态过程
Lane,等(2001)	1. 理解外部知识能力 2. 消化外部知识能力 3. 应用外部知识能力	200家匈牙利合资企业/多元回归分析法	吸收能力能提升合资企业的绩效,表明从外部获取的知识得到内化和理解
Tsai (2001)	研发强度(研发支出占销售收入的比例)	共60个部门(Taiplex石油化学公司24个部门、Resident食品制造公司的36部门)/层次回归分析法	吸收能力和网络位置的交互作用与公司部门创新及绩效有显著的正相关关系
Stock,等(2001)	研发强度(研发支出占销售收入的比例)	美国24年(1970—1993)间电脑调制解调器产业数据/多元回归分析法	吸收能力与新产品开发绩效间呈非线性的倒“U”形关系,即吸收能力回报要减少,而不是持续增长

续表

研究者	吸收能力测量维度	样本/数据处理方法	主要发现
Zahra & George (2002)	潜在吸收能力： 1. 知识获取能力 2. 知识消化能力 实际吸收能力： 1. 知识转化能力 2. 知识利用能力	统计归纳、建模，提出7条建议	回顾自吸收能力提出以来10年间的有关研究，假设潜在吸收能力和实际吸收能力对竞争优势的产生和保持产生不同影响的情况下，提出一个建设性模型
Liao，等 (2003)	1. 外部知识获取能力 2. 内部知识扩散能力	107个成长型中小企业/多元回归分析法	吸收能力与组织响应间正相关，且效应受环境状况和战略导向两个调节变量的影响
Eriksson & Chetty (2003)	1. 双边吸收能力 2. 客户网络吸收能力	瑞典制造业和服务业727家名录中的152家企业/ LISREL分析模型	双边吸收能力减少企业对国外市场知识的缺乏，而客户网络吸收能力则增加对国外市场知识的缺乏
Kim & Inkpen (2005)	1. 绝对吸收能力 2. 相对吸收能力	包含102家化学制药产业的229个联盟/多元回归分析法	绝对吸收能力对技术学习有深远的影响
Jasen & Bosch (2005)	潜在吸收能力： 1. 知识获取能力 2. 知识消化能力 实际吸收能力： 1. 知识转化能力 2. 知识利用能力	一家欧洲多元化的大型金融服务公司的各部门/回归模型	具有协调能力的组织机制可以有效提高潜在吸收能力，社会化的组织机制可以提高实际吸收能力
Nieto & Quevedo (2005)	1. 企业外部环境 2. 组织经验和知识水平 3. 知识结构多样性和重叠 4. 战略定位	406家西班牙制造业企业/多元回归分析法	吸收能力在技术机会和创新努力程度间起调节作用
Tsai (2006)	1. 知识获取能力 2. 知识转移能力 3. 知识更新能力 4. 知识利用能力	212家网上购物商店/ LISREL分析模型	有充足社会资本的网站比缺乏的网站有更高的吸收能力和创新绩效

续表

研究者	吸收能力测量维度	样本/数据处理方法	主要发现
Lane,等(2006)	1. 识别与理解新的外部知识 2. 消化有价值的外部知识 3. 利用被消化的外部知识	14 本期刊有关吸收能力的 289 篇论文分析/理论分析、SITKIS 文献计量分析软件分析	通过对文献的统计分析肯定了吸收能力的重要性和未来的研究潜力,同时对吸收能力建立了一个评价模型
Todorova & Durisin (2007)	1. 识别价值与知识获取能力 2. 知识消化转化能力 3. 知识利用能力	基于前人的研究,从理论和方法的角度进行分析并提出假设	对 Zahra & George 的模型进行评价并提出了改善模型作为未来深入研究验证的对象
Zahra & Hayton (2008)	总研发支出	217 家全球制造企业/多元回归分析法	公司吸收能力和跨国风投变量交互作用显著,且与资产回报和收入增长间正相关,企业新知识与已有知识存量相关
Fosfuri & Tribo (2008)	1. 潜在吸收能力 2. 知识获取能力 3. 知识消化能力	2 464 家创新型西班牙公司/多元回归分析法、因子分析法	研发合作、外部知识获取和知识搜寻经验可作为公司潜在吸收能力的前因,潜在吸收能力创新绩效显著正相关,尤其是有充足外部信息流的公司
Murovec & Prodan (2009)	1. 科学驱动的吸收能力 2. 需求拉动的吸收能力	通过西班牙和捷克共和国第三社区创新调查,8 024 家西班牙制造公司和 3 300 家捷克制造公司给出的反馈数据/均值插补法、多元回归分析、SEM、最大似然估计	两种吸收能力对产品创新绩效和过程创新绩效具有正向影响,且影响不同

续表

研究者	吸收能力测量维度	样本/数据处理方法	主要发现
Camison & Fores (2010)	潜在吸收能力： 1. 知识获取能力 2. 知识消化能力 实际吸收能力： 3. 知识转化能力 4. 知识利用能力	952家西班牙工业企业/验证性因素分析、SEM、最大似然法	吸收能力的四个维度有效，可以作为衡量吸收能力的常用方法
Flatten，等 (2011)	潜在吸收能力： 1. 知识获取能力 2. 知识消化能力 实际吸收能力： 3. 知识转化能力 4. 知识利用能力	6 341家德国工业和商业企业/主成分因子分析	通过对四个变量的多维度测量可以更精确地评估公司的吸收能力，对于公司的优劣势分析和重要决策具有很大的帮助
Gebauer，等 (2012)	潜在吸收能力： 1. 知识获取能力 2. 知识消化能力 实际吸收能力： 3. 知识转化能力 4. 知识利用能力	2005—2010年期间两家欧洲电力供应商数据/层次分析法	将战略创新作为因变量，吸收能力、学习过程和组合能力作为自变量可以将主要影响因素分离出来；学习过程和组合能力对战略创新的影响
Saraf，等 (2013)	潜在吸收能力： 1. 知识获取能力 2. 知识消化能力 实际吸收能力： 3. 知识转化能力 4. 知识利用能力	中国用友软件公司的14个子公司和15个部门/偏最小二乘法	潜在和现实吸收能力能够调节外界压力对企业信息系统同化的影响
韦影 & 吴晓波 (2005)	参照Wong，等.(1999)、Jasen & Bosch(2005)设计7个题项	142个来自高教教师、政府、企业的样本/多元回归分析法、结构方程模型	吸收能力在企业社会资本(结构、关系和认知等三个维度)和技术创新绩效间起正向中介作用
吴家喜 & 吴贵生(2009)	1. 知识获取能力(研发部门年龄或总研发支出) 2. 知识消化能力(专利引用数量) 3. 知识转化能力(启动新项目或新产品数) 4. 知识利用能力(专利数、新产品研发周期)	北京、上海等21个省、市、自治区的206个企业样本	内外部组织整合对吸收能力以及新产品开发绩效均有正影响，且内部影响大于外部影响，吸收能力是内外部组织整合与新产品开发绩效之间的部分中介变量

续表

研究者	吸收能力测量维度	样本/数据处理方法	主要发现
阎海峰(2009)	潜在吸收能力: 1. 知识获取能力 2. 知识消化能力 实际吸收能力: 3. 知识转化能力 4. 知识利用能力	上海某"211"高校110名MBA学员(长三角企业)/多元回归分析法	吸收能力在智力资本与组织创新中起中介作用,表明企业拥有的智力资本在转化为吸收能力后,会对组织创新产生影响

如表 3-3 所示,各学者对吸收能力的测量进行了广泛研究和引用,主要有单维度假说、两维度假说、三维度假说、四维度假说四种,具体如下。

(1) 吸收能力的单维度假说。即用单个维度来测量吸收能力,它们是研发强度(研发支出占销售收入的比例)(Cohen & Levinthal,1990;Rocha,1999;Tsai,2001;Stock,等,2001)、总研发支出(Rocha,1999;Zahra & Hayton,2008;Daghfous,2004)、专利引用(Mowery,等,1996;Daghfous,2004)、专业技术人员占所有员工的比例(Luo,1997;Veugelers,1997)。

(2) 吸收能力的两维度假说。即用两个维度来测量吸收能力,如:外部知识获取能力、内部知识扩散能力;绝对吸收能力、相对吸收能力;科学驱动的吸收能力、需求拉动的吸收能力;等等(Dyer & Singh,1998;Kim,1998;Liao,等,2003;Eriksson & Chetty,2003;Kim & Inkpen,2005;Murovec & Prodan,2009)。

(3) 吸收能力的三维度假说。即用三个维度来测量吸收能力,如:评估新知识能力、消化新知识能力、商业化新知识能力;理解外部知识能力、消化外部知识能力、应用外部知识能力;识别价值与知识获取能力、知识消化转化能力、知识应用能力;等等(Cohen & Levinthal,1989;Lane & Lubatkin,1998;Wong,等,1999;Van den Bosch,等,1999;Lane,等,2001;Todorova & Durisin,2007;Fosfuri & Tribo;2008)。

(4) 吸收能力的四维度假说。即用四个维度来测量吸收能力,如:知识获取能力、知识消化能力、知识转化能力、知识应用能力;知识获取能力、知识转移能力、知识更新能力、知识应用能力(Zahra & George,2002;Jasen & Bosch,2005;Tsai,2006;Camison & Fores,2010;Flatten,等,2011;Gebauer,等,2012;Saraf,等,2013;韦影 & 吴晓波,2005;吴家喜 & 吴贵生,2009;阎海峰,2009)。

Zahra & George(2002)同时对吸收能力的单维度假说提出了批评,认为单维度假说是不成熟的测量方法，不能反映出吸收能力中知识流动的过程和吸收能力的整体建构。自 Zahra & George(2002)后，很多学者按照他们建议的思路进行更加细致的维度探索，用李克特量表测量吸收能力的各个维度，在测量上取得了较大的进展，其中 Lane 等(2006)、Todorova & Durisin(2007)、Fosfuri & Tribo(2008)是三维度假说量表开发的代表，Jasen & Bosch(2005)、Tsai(2006)是四维度假说量表开发的代表。其中 Todorova & Durisin(2007)认为知识转化能力并不是知识消化能力后的步骤，而是一个与知识消化能力相关联的、可供选择的过程，它使知识获取能力与知识利用能力之间的路径变得多样化。本研究拟采用三维度假说来测量企业自有吸收能力，具体原因在第 5 章 5.2.3 中阐述。

3.4 现有研究评述

综合国内外相关研究现状可以看出，迄今为止，国内外学者在客户参与和吸收能力方面进行了卓有成效的研究并取得了显著的成果，他们的研究成果也将为本项目的进行奠定了坚实的基础，尽管如此，还存在一系列问题有待进一步系统深入地研究。

(1) 目前国内外研究企业网络、网络嵌入、关系资本、外部网络对创新绩效影响的文章较多，但是聚焦于研究企业外部网络重要来源的——“客户参与”的相关文献较少，从国内外仅有的一小部分文献来分析，大都聚焦于研究个体顾客参与类似于服务的“软”产品，研究参与新产品开发的“硬”产品的文献较少，并且作为企业层面的客户参与的文献更为缺乏。

(2) 过去的研究中更多的只是把吸收能力作为一个解释变量，且对吸收能力的影响因素(或者前因变量)的研究还缺乏必要的、系统性的分析。

(3) 尽管也有学者研究了吸收能力与企业绩效的关系，但嵌入客户参与的模式后与吸收能力、企业创新绩效三者如何作用的成果不多见，企业在客户参与模式下，技术创新链前置，从而企业技术创新的过程与策略会发生变化，不能简单套用客户参与前的作用机制。

(4) 理论研究同时表明，企业自有吸收能力一方面可以直接促进企业技术创新绩效(Stock,等,2001);另一方面对于社会资本和企业创新绩效之间有调节关系(Tsai,2001;Nicolai & Torben,2006;Rothaermel,2009),引入吸收能力这个调节变量,可以更加细致地研究客户参与对企业技术创新绩效的作用机理,关于吸收能力调节效应的研究,国外研究刚刚开始,国内的研究更加缺乏。

(5) 国内外将客户参与分阶段研究的文献非常缺乏,在客户参与的不同阶段来实证测量客户参与的文献更为少见,然而若要系统刻画和测量新产品开发中客户参与,赋予其在各阶段的情境就非常重要。只有赋予其在各阶段的具体情境,才能科学测量出客户参与。

(6) 在现有的对技术创新绩效的文献中,关注产品创新绩效的文献较多,有很多文献把产品创新绩效或者企业的创新效益简单称为技术创新绩效,而企业的技术创新绩效是一个过程,应从创新的整个过程去考虑如何测量,即要考虑技术创新绩效的产品创新绩效和过程创新绩效两个层面。

(7) 客户参与和吸收能力方面的研究以国外学者研究居多,研究成果针对中国情境管理实践的解释力、适应性和作用机制还不足;而国内现阶段研究大多以经验总结和建议为主,鲜见定量分析和实证研究,难以满足产业界的现实需求。

因此,在现阶段,深入开展在企业自有吸收能力调节效应作用下,面向新产品开发的客户参与模式对企业技术创新绩效的影响机制的研究,显得非常紧迫和重要。本项目拟从企业层面出发,研究嵌入客户参与、吸收能力、企业创新绩效三者间的作用机理,对于满足我国企业技术创新管理需求、促进企业持续提升全球竞争力具有较为重要的理论和实际应用价值。

3.5 本章小结

本章对研究的关键构念——企业技术创新绩效、客户参与、企业自有吸收能力的定义和近二三十年的国内外有关代表性学者文献做了系统回顾和梳理,了解了研究的发展过程和进展,并对其维度和测量方法进行了讨论,分析了目前研究的局限之处。总体看来,这些关键构念的研究以国外学者研究居多,研究成果针对中国情境管理实践的解释力、适应性和作用机制还不足；而国内现阶段研究大多以经验总结和建议为主，鲜见定量分析和实证研究，难以满足产业界的现实需求。因此本研究将从实证研究出发，以定量方式深入研究在企业自有吸收能力调节效应作用下，面向新产品开发的客户参与对企业技术创新绩效的影响机制的研究，以弥补理论文献带来的不足。

第4章 概念模型与研究假设

从上一章文献综述中可以得出，企业自有吸收能力一方面可以直接促进企业技术创新绩效(Stock，等，2001)；另一方面对于社会资本(客户参与)和企业创新绩效之间有调节关系(Tsai，2001；Nicolai & Torben，2006；Rothaermel，2009)，根据客户参与的测量维度(工作认知、信息提供、共同开发、人际互动)、企业自有吸收能力的测量维度(知识获取能力、知识消化转化能力、知识利用能力)、企业技术创新绩效的测量维度(产品创新绩效、过程创新绩效)，可以刻画出本研究基本概念模型。本章将在理论基础、文献综述和基本概念模型的基础上，结合已有的相关研究文献展开理论分析，得出新产品开发中客户参与对企业技术创新绩效的影响作用机制的细化假设与概念模型。

4.1 客户参与与技术创新绩效的关系

4.1.1 工作认知与技术创新绩效的关系

客户在参与新产品开发时，付出了更多的努力，投入了更多精力去搜寻信息，从而获得更多的工作认知，客户和生产厂商之间实现了更多的信息交流与共享。

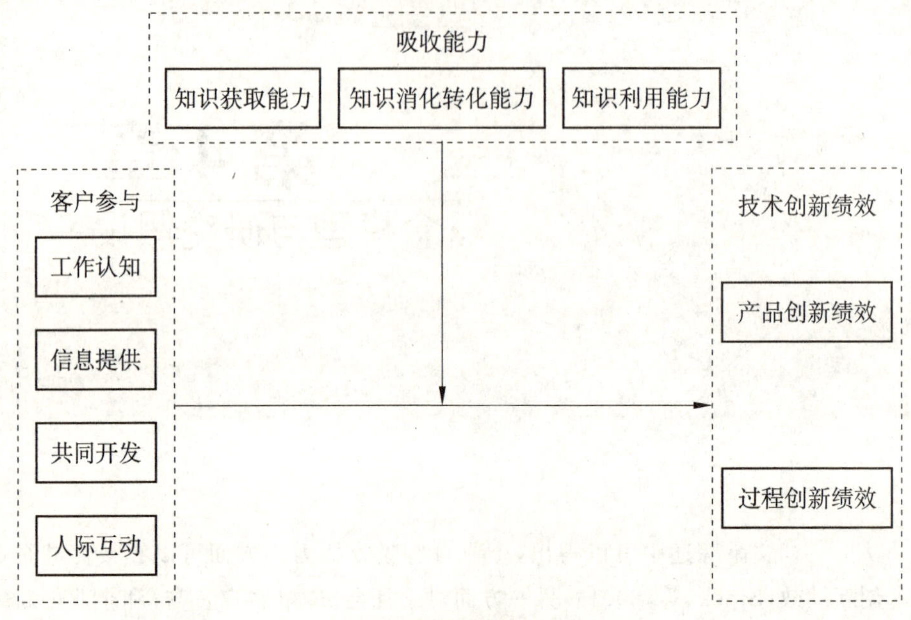

图 4-1　研究基本概念模型

一方面，客户通过新产品开发参与，能够了解更多的关于厂商的信息，了解什么样的新产品可能提供信息、什么样的新产品很难提供信息，从而形成对产品创新的大致认知，更好地为企业提供产品创新的帮助；另一方面，在此基础上，企业通过客户参与可以使新产品的设计更加准确、清晰地了解客户的需求和期望，以便正确提供客户所需要的产品需求来即时地调整创新方式。许多文献从实证角度证实了工作认知对于产品或者服务的创新，或对产品服务的满意一度产生了正面影响。例如：彭艳君(2008)通过对美发行业的实证发现，工作认知会提高顾客对美发服务的满意度；易英(2006)对杭州家装市场研究发现，工作认知会提高企业的服务质量；Baqer(2006)检验了客户参与的认知价值对新产品开发绩效的影响，并发现认知通过符号价值与功能价值对新产品的需求产生影响。

4.1.2　信息提供与技术创新绩效的关系

信息共享指的是合作双方超出合同与协议规定来主动交换信息的程度，而所交流的信息对对方有益(McEvily & Mareus，2005)；Gulati & Syteh(2007)认为，信息共享对企业的促进可以从共享信息的细节程度、准确程度、及时性、广泛性和共享种类等几个方面来衡量；企业与客户之间的知识共享惯例是组织间竞争优势的主要来源之一(Dyer & Singh，1998；Dyer & Nobeoka，2000)，企业间信息共享对企业的技术创新具有正向促进作用；Rothwell(1992)认为信息共享对技术创新的来源和过程都会产生积极的影响，原因是将创新的本质视作一个学习和技术积累的过程，而信息要素的投入是学习和积累的必要因素(许冠南，2008)。

在信息来源方面，Rothwell(1992)认为技术创新所需的信息可以来源于供应商、研究机构、大学、行业内部和领先客户，甚至是竞争对手；Adams等(1998)认为前人的研究结果均表明创新的产生和解决方案的形成很大一部分原因要归功于企业外部众多的外部信息，因此，从技术创新的来源看，企业外部的信息源的地位十分重要。其中，客户参与是众多外部信息源中最重要的一个，毕竟客户是产品的直接需求者。企业与客户之间的信息里包含了各种技术和市场机会，当企业与客户之间的信息共享程度加深时，企业可更准确、及时和广泛地获取客户的信息。抓住这种信息优势，企业就可以实现技术创新。

从创新的过程来看，Syakhroza & Achjari(2002)提出信息共享是企业进行创新的重要内容和重要阶段。企业与客户之间的信息共享行为不仅为企业提供了获取创意的机会，更重要的是，企业在这个过程中可以获得对技术创新更具积极意义的隐性知识，即企业与客户之间的信息共享所带来的溢出效应，并加快加深企业的技术创新过程。此外，企业通过与客户，尤其是协议与合同之外的信息交换，企业获得隐性知识，同时也促进新知识的产生，并减少创新风险所带来的技术和市场的变化，提高了互动企业技术创新绩效。

Rindfleisch & Moorman(2001)发现新产品开发企业与其存在垂直联盟组织之间的信息共享及利用对创新绩效有着显著影响。Milliken & Martins(1987)认为当客户参与新产品开发时企业可以通过吸收客户的信息与知识来提高团队创新能力及技术创新绩效。Yh-Renko等(2001)认为信息获取对产品创新的促进表现在以下两个方面：①拓宽企业专门知识的深度、广度来加大创新组合的可能性；②提升企业为关键客户开发新产品的意愿从而有效促进产品创新。Yh-Renko等(2001)也发现从客户获取的信息会缩短研发周期并加快新产品开发的速度。由此可以看出，客户作为企业的外部创新源之一，通过给企业提供市场上类似消费者的需求信息，企业能够及时了解客户的真实需求，对创新的努力方向与着力点进行很好的把控，使得产品的创新绩效得到提高。

4.1.3 共同开发与技术创新绩效的关系

在技术创新的目标明确之后，技术创新的过程就是一个发现问题并进而解决问题的过程。共同解决问题的安排，能促进交易双方相互协调并联合解决合作中遇到的问题，增加组织效率，降低生产误差并减少产品开发时间，并促进组织的技术创新(Uzzi,1997)。Uzzi认为，客户参与对新产品创新程度的提升非常有帮助，原因是客户参与使得开发活动变成一个联合生产以解决设计、生产中存在问题的过程，从而促进企业与客户相互协调并共同解决合作中所遇到的问题；Hansen(1999)认为在特定的生产组织安排下，企业与客户之间共同解决问题，即企业与客户双方在协同配合工作中形成一定的规范和共同语言，可减少企业的开发成本，从而推动合作技术创新，提高企业的技术创新水平；McEvily & Mareus(2005)认为通过共同解决问题，企业与客户可以提高交互的频率及增加交互的次数，因此能提高企业的技术创新绩效。

Gerwin(2004)指出客户与企业联合开发的能力与主观意愿也有助于新产品开发创新结果的产生；Mclvor & Humphreys(2004)以电子行业为背景，考察了在流程设计时如果与其主要客户进行合作，共同参与设计产品，那么产品的创新程度会得到提高。

在研究缩短新产品开发周期的驱动要素时，Gupta & Souder(1998)认为顾客参与非常重要，并指出由于顾客与企业的共同开发，新产品上市速度得以加快。Griffin(2002)指出越来越多的顾客参与生产过程并发挥了更大作用，该特点是新产品开发周期的重要影响因素。实际上，当顾客参与开发时，由于他们与企业来源于不同部门，等同建立了一个跨功能的新产品开发团队。Trygg(1993)指出工作中如果跨功能团队一起合作，新产品的开发周期会大大缩短。类似观点在Lagrosen(2005)的研究中也得到证实。Hippel(2001)发现，客户参与是企业在开发中不断学习的过程，会减少企业在产品创新中的试错数量。

4.1.4 人际互动与技术创新绩效的关系

人际互动是指在产品或服务传递过程中客户与产品或服务提供者的员工的互动，包括例如信任、可靠、支持、合作配合、灵活性及承诺等多项人际关系要素

(Ennew & Binks,1999)。在许多服务传递的过程中,顾客与服务员所建立的这种关系对于整个组织非常重要。

Dore(1983)认为当两个企业之间存在信任关系时,他们对于合作企业将会持有更加开放的态度从而获得更多的互补性,将双方的资源有效地进行共享,实现信息共享这些也将提高企业的创新水平和质量;Young-Ybarra & Wiersema(1999)认为当企业与客户之间存在信任关系时,企业的战略柔性也将得到提升并变得更加灵活,从而更好地应对市场的变化,当市场产生波动时也会因为在某些方面有充足的资源投入从而提升抗风险能力,这也将提高企业的创新水平和质量;Gerhard & Odenthal(2001)认为,当企业与客户之间存在一定的信任关系时,企业与客户就不会再为对方的行为感到担心,相反地,他们会根据共同的目标,一起合作完成。在这种情况下,因为竞争力的不足和某些资源的短缺,某些企业因为信任关系的存在将会联合对产品进行研发,对市场进行开拓,形成利益共同体,同时伴随着信任关系的不断加深,双方联合创新的效率将得到显著提升,成功率也得到了保障;Ireland 等(2002)认为当企业与客户之间存在信任关系时,企业与客户会因为共同利益而提供风险的承受能力,同时加大创新的力度,这无形中提升了企业的创新水平和质量。

许多文章的实证结果表明了人际互动对产品创新绩效的正向影响作用。Kanter(1994)根据对 11 个国家的 40 个企业样本实证分析,发现信任是合作企业提升绩效(包括学习绩效和创新绩效)的关键因素;McEvily & Mareus(2005)在对 234 家制造企业进行问卷调查和实证研究后,认为企业与主要供应商和客户企业之间的信任有助于企业产品的竞争力提升;黄汉涛(2010)以 173 个制造业企业作为样本进行了统计实证研究,发现网络嵌入性的三个维度(信任、信息共享、共同解决问题)对技术创新绩效存在显著正向作用。

而企业的技术创新绩效是一个过程,应从创新的整个过程去考虑,因此本研究从产品创新绩效和过程创新绩效两方面来衡量技术创新绩效。由此提出以下假设。

H1:客户参与对产品创新绩效产生正向的影响作用,即客户参与程度越高,越有助于增进产品创新绩效。

具体来说,有以下分假设。

H1a:工作认知对产品创新绩效产生正向的影响作用,即客户对参与工作的认知程度越深,越有助于增进产品创新绩效。

H1b:信息提供对产品创新绩效产生正向的影响作用,即客户信息提供越多,越有助于增进产品创新绩效。

H1c:共同开发对产品创新绩效产生正向的影响作用,即客户参与新产品共同开发越多,越有助于增进产品创新绩效。

H1d:人际互动对产品创新绩效产生正向的影响作用,即客户与企业的人际互动越深入,越有助于增进产品创新绩效。

H2:客户参与对过程创新绩效产生正向的影响作用,即客户参与程度越高,越有助于增进过程创新绩效。

具体来说,有以下分假设。

H2a:工作认知对过程创新绩效产生正向的影响作用,即客户对工作的认知程度越深,越有助于增进过程创新绩效。

H2b:信息提供对过程创新绩效产生正向的影响作用,即客户信息提供越多,越有助于增进过程创新绩效。

H2c:共同开发对过程创新绩效产生正向的影响作用,即客户参与新产品共同开发越多,越有助于增进过程创新绩效。

H2d:人际互动对过程创新绩效产生正向的影响作用,即客户与企业的人际互动越深入,越有助于增进过程创新绩效。

4.2 企业自有吸收能力与技术创新绩效的关系

(1) 企业自有吸收能力与产品创新绩效的关系。Zahra & George(2002)对吸收能力进行了分解,重点论述了吸收能力对于产品创新的概念,他们认为企业的吸收能力通过转移和利用知识,在技术创新和产品开发过程中,提高了企业的产品创新绩效。吸收能力中的知识获取能力以及知识消化转化能力促进了企业获取更多的创新知识,而如何将这些知识整合到现有知识库并转化为企业可利用的资源,进行产品创新是吸收能力的目的。企业的吸收能力越高,则越有利于增进企业产品的创新,企业越容易将获取的外部知识源进行有效转化和利用,从而开发出新产品、创造出新工艺,提高企业的创新绩效。Masaaki Kotabe(2011)等的研究也发现了吸收能力对于产品创新的作用。他们发现吸收能力能够促进获取的外部知识向创新产品的转化，提高外部知识源的利用率，真正推动企业的产品创新活动，加速企业的创新效率，增加企业的创新频率。

(2) 企业自有吸收能力与过程创新绩效的关系。Cohen & Levinthal(1990)认为吸收能力作为企业认知、内化和应用知识的能力，可以在不断变化的环境中最大限度利用外部知识，增强企业过程创新绩效；Szulanski(1996)认为从企业过程创新的角度来看，知识吸收能力强的组织具有较强的创新意识，从而更有利于增进企业的过程创新；此外，Teece 等(1997)研究得出，较强的吸收能力有助于利用外部的经验来增加过程创新绩效；Spender(1996)认为吸收能力对企业过程创新的影响，不仅在于企业知识的稀缺性，而且也贯穿于企业消化整合和创造新知识的整个过程。总的来说，吸收能力决定了企业对外部资源的利用程度，而企业在利用外部资源能力上的差异导致了企业之间过程创新绩效的不同。

从实证研究方面来看，数量也是非常丰富。Kumar 等(1999)实证研究了55家印度尼西亚制造企业积累技术能力的影响因素、技术性员工利用率、企业学习文化等因素影响显著。这表明，企业的吸收能力与技术能力之间存在正向关系。Kira(2004)以制药和生物技术企业为例，研究吸收能力对企业创新绩效的影响，研究表明企业吸收能力对创新活动有正向贡献。

4.2.1 知识获取能力与技术创新绩效关系

Zahra & George(2002)提出知识获取能力是指企业识别和获得外部知识的能力，通常这些知识对企业运营至关重要。知识获取提高企业创新绩效的方法一般有以下三种。第一，知识获取可增加企业的知识广度和深度，从而加深知识间的联系并对实现创新有重要作用。所以，通过拓展和深化企业外部知识，知识获取可以增强企业创新绩效。并且，客户需求与企业已有知识的匹配程度将会加深企业对客户需求的理解，这一理解可以强化企业为客户开发新产品的意愿，从而在新产品开发中获得更高的回报。第二，Dyer & Singh(1998)认为，知识获取一方面能减少产品缺陷的数目；另一方面还能缩短产品开发的周期，从而加快新产品的推出速度，提升创新绩效。第三，Hippel(1988)研究提出客户需求的知识对产品改进、新功能开发有重要意义，而知识获取恰好能使企业更好地理解客户需求。

4.2.2 知识消化转化能力与技术创新绩效关系

Zahra & George(2002)指出,知识消化转化能力是指企业分析、处理、解释并理解外部信息的惯例和流程;Atuahene-Gim(2003)消化外部知识是一个了解的过程,企业可以通过这种新的过程与自己的原来的知识接触,从而实现创新。消化外部知识可以加快在新产品的开发中解决问题的速度,以缩短新产品的开发周期;此外,消化外部知识可以避免重复工作,适应外部环境以更新知识储备,因而克服一些"能力陷阱"。知识转化能力是指企业将获得的新知识消化,转化成自己拥有的知识和能力,即识别两种不同类型的信息并将它们集成到一个新模式的能力。Todorova & Durisin(2007)指出,企业现有的知识结构会与外部获取的新知识存在差异,因此,企业的认知结构需要进行转化以适应外部新环境,这样转化就起到了重构企业认知结构的重要作用。此外,Zahra & George(2002)认为转化还可避免企业依赖已有知识的路径,使企业能在能力调整中生存,因此,通过转化的过程,企业将产生新的想法,重新认识机遇,审视自身和周边竞争环境,最终可以提高企业创新绩效。

4.2.3 知识利用能力与技术创新绩效关系

知识利用能力指企业通过将获取、消化和转化的新知识应用到企业中,以对现有能力进行提炼、延伸、平衡或创造的一种组织能力。通过知识获取、消化和转化过程,新知识已由外部转移到组织内部,然而,一项创新的产生还需要实验、设计等类似的活动进行改进与完善,即创新的产生还需要对新知识加以应用(钱锡红,2010)。Zahra 和 George (2002)认为,利用知识的能力能够将企业所消化、转化的知识转变为实际的创新活动。由此提出以下假设。

H3:企业自有吸收能力对产品创新绩效产生正向的影响作用,即企业吸收能力越强,越有助于增进产品创新绩效。

具体来说,有以下分假设。

H3a:知识获取能力对产品创新绩效产生正向的影响作用,即企业自有的知识获取能力越强,越有助于增进产品创新绩效。

H3b:知识消化转化能力对产品创新绩效产生正向的影响作用,即企业自有的知识消化能力越强，越有助于增进产品创新绩效。

H3c：知识利用能力对产品创新绩效产生正向的影响作用，即企业自有的知识利用能力越强，越有助于增进产品创新绩效。

H4：企业自有吸收能力对过程创新绩效产生正向的影响作用，即企业吸收能力越强，越有助于增进过程创新绩效。

具体来说，有以下分假设。

H4a：知识获取能力对过程创新绩效产生正向的影响作用，即企业自有的知识获取能力越强，越有助于增进过程创新绩效。

H4b：知识消化转化能力对过程创新绩效产生正向的影响作用，即企业自有的知识消化能力越强，越有助于增进过程创新绩效。

H4c：知识利用能力对过程创新绩效产生正向的影响作用，即企业自有的知识利用能力越强，越有助于增进过程创新绩效。

4.3 企业自有吸收能力对客户参与和技术创新绩效间调节关系

本研究所指的企业自身的吸收能力更加强调组织和组织之间的关系，也就是一个企业如果和另一个企业关系更加密切，它就能更好地吸收利用外企业知识，但是这不能说明企业吸收能力就为此而提高了。因为这个企业如果同时与另一个并不熟悉的企业交往时，吸收的效果就会明显下降。因此吸收能力应该是企业的一种本质属性，而不是相对的概念。Tsai(2001)首先研究了吸收能力的调节作用，他指出，吸收能力正向调节企业在网络的位置和企业创新以及绩效间的关系；从企业发展现实角度来看，企业的吸收能力直接影响企业的创新绩效(Stock，等，2001)，同时它对于社会资本和企业创新绩效之间有调节关系(Nicolai & Torben，2006；Rothaermel，2009)；从长期发展角度来看，企业良好的社会资本能够提升企业的吸收能力，促进企业吸收能力的发展。

4.3.1 知识获取能力对客户参与和技术创新绩效间调节关系

Nicolai & Torben(2006)对丹麦169家私营企业的实证研究发现,企业自身的吸收能力对于企业所获得的外部知识,尤其是客户知识与企业技术创新绩效间有关键的正向调节作用。他们进一步指出,企业的吸收能力关系到企业,尤其关系到企业如何吸收利用客户知识,将企业社会资本中的客户知识运用到自身发展中,对企业过程创新绩效产生显著作用。从企业的技术创新和社会资本角度出发,企业的吸收能力是连接企业的社会资本和过程创新的桥梁;从企业发展现实角度来看,企业的吸收能力直接影响企业的过程创新绩效,同时它对于社会资本和企业创新绩效之间有调节关系;从企业长期发展来看,良好的社会资本能够提升企业的吸收能力,促进企业过程创新的发展。企业的知识获取能力越强,可以从客户参与的过程中吸收的外部信息就越多,则会对创新绩效提供更加丰富的知识积累。

从实证角度来看,Konstantino(2007)以希腊企业为样本得出外部知识流调节了组织创新这一结论;Álvaro等(2002)实证分析了吸收获取能力对知识溢出与企业创新绩效的调节关系,认为企业知识获取能力越强,企业能获取的知识溢出越多,从而对企业创新绩效贡献越大;Torben等(2002)实证分析了知识获取能力对企业内部知识源、外部知识源与创新绩效的调节关系,发现存在正向调节作用;吴晓冰(2009)对237家企业进行调研发现,企业的创新能力在企业绩效创新的形成过程的不同阶段起到调节作用。具体说,集群企业的知识获取能力有利于强化企业从创新网络中获取知识。由此提出以下假设。

H5:企业知识获取能力正向调节了客户参与和产品创新绩效的关系,即企业知识获取能力越强,客户参与增进产品创新绩效越明显。

具体来说,有以下分假设。

H5a:企业知识获取能力正向调节了客户参与之工作认知维度与产品创新绩效的关系,即企业知识获取能力越强,工作认知增进产品创新绩效越明显。

H5b:企业知识获取能力正向调节了客户参与之信息提供维度与产品创新绩效的关系,即企业知识获取能力越强,客户信息提供增进产品创新绩效越明显。

H5c:企业知识获取能力正向调节了客户参与之共同开发维度与产品创新绩效的关系,即企业知识获取能力越强,客户参与新产品共同开发增进产品创新绩效越明显。

H5d:企业知识获取能力正向调节了客户参与之人际互动维度与产品创新绩效的关系,即企业知识获取能力越强,客户和企业人际互动增进产品创新绩效越明显。

H6:企业知识获取能力正向调节了客户参与和过程创新绩效的关系,即企业知识获取能力越强,客户参与增进过程创新绩效越明显。

具体来说,有以下分假设。

H6a:企业知识获取能力正向调节了客户参与之工作认知维度与过程创新绩效的关系,即企业知识获取能力越强,工作认知增进过程创新绩效越明显。

H6b:企业知识获取能力正向调节了客户参与之信息提供维度与过程创新绩效的关系,即企业知识获取能力越强,客户信息提供增进过程创新绩效越明显。

H6c:企业知识获取能力正向调节了客户参与之共同开发维度与过程创新绩效的关系,即企业知识获取能力越强,客户参与新产品共同开发增进过程创新绩效越明显。

H6d:企业知识获取能力正向调节了客户参与之人际互动维度与过程创新绩效的关系,即企业知识获取能力越强,客户和企业人际互动增进过程创新绩效越明显。

4.3.2 知识消化转化能力对客户参与和技术创新绩效间调节关系

企业的知识转化具有将新信息整合到现有知识结构中的功能。企业通过客户参与获得的信息和资源并不必然产生创新,还需要处理和解释信息的消化能力,才能将客户参与的价值体现出来(Lane & Lubatkin,1998)。Inkpen(2000)研究指出,企业的学习结果还取决于自身在知识消化方面的努力和能力,拥有越强消化能力的企业越能对信息做出正确的解释和理解,进而产生更高的创新绩效。此外,对所获得的各种信息,企业还需要在现有的认知框架内对这些新信息进行理解与整合(McEvily & Zaheer,1999),这些都依赖于企业的知识消化能力。面对从企业外部获取、消化而得的新知识,知识转化能力可以通过独特新颖的方式对信息进行组合从而实现创新(Van den Bosch,1986),还可以通过从不同的角度对相同的知识做出解释来实现创新(Zahra & George,2002)。因此,拥有越强知识转化能力的企业对新知识的转化就越为高效,通过这种效应,客户参与过程中形成的知识则被很好地转化,因此有利于提高技术创新绩效(钱锡红,2010)。

从实证研究角度，许多学者对此进行了论证：Wong 等(1999)调查了 49 家中国台湾 IT 企业中的 100 个新技术开发项目，研究得出具有高水平吸收能力的企业能更有效地实现技术转移；Chen(2004)通过对 137 个联盟的调查，实证得出了知识转移对技术创新绩效受企业吸收能力等因素正向调节的结论；Andre et al.(2010)通过以中小企业为样本，研究了吸收能力对开放式创新的影响，研究结果说明了吸收能力在开放式创新中对创新绩效的调节作用。由此提出以下假设。

H7：企业知识消化转化能力正向调节了客户参与和产品创新绩效的关系，即企业知识消化转化能力越强，客户参与增进产品创新绩效越明显。

具体来说，有以下分假设。

H7a：企业知识消化转化能力正向调节了客户参与之工作认知维度与产品创新绩效的关系，即企业知识消化转化能力越强，工作认知增进产品创新绩效越明显。

H7b：企业知识消化转化能力正向调节了客户参与之信息提供维度与产品创新绩效的关系，即企业知识消化转化能力越强，客户信息提供增进产品创新绩效越明显。

H7c：企业知识消化转化能力正向调节了客户参与之共同开发维度与产品创新绩效的关系，即企业知识消化转化能力越强，客户参与新产品共同开发增进产品创新绩效越明显。

H7d：企业知识消化转化能力正向调节了客户参与之人际互动维度与产品创新绩效的关系，即企业知识消化转化能力越强，客户和企业人际互动增进产品创新绩效越明显。

H8：企业知识消化转化能力正向调节了客户参与和过程创新绩效的关系，即企业知识消化转化能力越强，客户参与增进过程创新绩效越明显。

具体来说，有以下分假设。

H8a：企业知识消化转化能力正向调节了客户参与之工作认知维度与过程创新绩效的关系，即企业知识消化转化能力越强，工作认知增进过程创新绩效越明显。

H8b：企业知识消化转化能力正向调节了客户参与之信息提供维度与产品创新绩效的关系，即企业知识消化转化能力越强，客户信息提供增进过程创新绩效越明显。

H8c：企业知识消化转化能力正向调节了客户参与之共同开发维度与过程创

新绩效的关系，即企业知识消化转化能力越强，客户参与新产品共同开发增进过程创新绩效越明显。

H8d：企业知识消化转化能力正向调节了客户参与之人际互动维度与过程创新绩效的关系，即企业知识消化转化能力越强，客户和企业人际互动增进过程创新绩效越明显。

4.3.3 知识利用能力对客户参与和技术创新绩效间调节关系

企业从外部获得的所有信息，最终必须通过转化为新产品、新流程、新知识或新的组合形式才能在创新绩效中体现价值，而这一转化过程取决于企业知识提炼、延伸、平衡或创造能力的支持，即企业通过外部获得的信息需要其自身的知识利用能力进行加工才可最终转变为企业的产品创新绩效。因此，知识利用能力可以将企业在产品创新中的优势放大，并最终转变成创新绩效，即企业知识利用能力越强，客户参与对于企业的创新绩效正向作用越强。

实证研究方面也有比较充分的证据。戴勇、朱桂龙(2011)通过对94家广东企业的问卷统计结果表明，知识整合与共享能力越强，企业社会资本对创新绩效之间的影响越大，即知识利用能力的调节作用显著。侯广辉、张建国(2013)通过对76个企业样本进行研究发现，企业知识利用能力可以正向调节资本与技术创新之间的关系，从而扭转在不考虑调节作用时的负向影响。Nieto & Quevedo(2005)对406家西班牙企业的研究结果表明，知识利用能力对创新的过程有很大的影响，并且知识利用能力对技术机会和创新过程之间的关系有正向调节作用。Zahra & Hayton(2008)对217家跨国制造企业进行研究结果发现，跨国的企业生产或者服务活动对企业财务绩效的影响受企业知识利用能力的调节作用的影响。由此提出以下假设。

H9：企业知识利用能力正向调节了客户参与和产品创新绩效的关系，即企业知识利用能力越强，客户参与增进产品创新绩效越明显。

具体来说，有以下分假设。

H9a：企业知识利用能力正向调节了客户参与之工作认知维度与产品创新绩效的关系，即企业知识利用能力越强，工作认知增进产品创新绩效越明显。

H9b：企业知识利用能力正向调节了客户参与之信息提供维度与产品创新绩效的关系，即企业知识利用能力越强，客户信息提供增进产品创新绩效越明显。

H9c:企业知识利用能力正向调节了客户参与之共同开发维度与产品创新绩效的关系,即企业知识利用能力越强,客户参与新产品共同开发增进产品创新绩效越明显。

H9d:企业知识利用能力正向调节了客户参与之人际互动维度与产品创新绩效的关系,即企业知识利用能力越强,客户和企业人际互动增进产品创新绩效越明显。

H10:企业知识利用能力正向调节了客户参与和过程创新绩效的关系,即企业知识利用能力越强,客户参与增进过程创新绩效越明显。

具体来说,有以下分假设。

H10a:企业知识利用能力正向调节了客户参与之工作认知维度与过程创新绩效的关系,即企业知识利用能力越强,工作认知增进过程创新绩效越明显。

H10b:企业知识利用能力正向调节了客户参与之信息提供维度与过程创新绩效的关系,即企业知识利用能力越强,客户信息提供增进过程创新绩效越明显。

H10c:企业知识利用能力正向调节了客户参与之共同开发维度与过程创新绩效的关系,即企业知识利用能力越强,客户参与新产品共同开发增进过程创新绩效越明显。

H10d:企业知识利用能力正向调节了客户参与之人际互动维度与过程创新绩效的关系,即企业知识利用能力越强,客户和企业人际互动增进过程创新绩效越明显。

4.4 本章小结

本章在理论基础、文献综述和基本概念模型的基础上,结合已有的相关研究文献展开理论分析,运用工作认知、信息提供、共同开发、人际互动四个维度来表征客户参与,并把技术创新绩效分为产品创新绩效、过程创新绩效,企业自有吸收能力分为知识获取能力、知识消化转化能力、知识利用能力,在客户参与的创意前端阶段(Ⅰ)、设计开发阶段(Ⅱ)、产品测试与商业化阶段(Ⅲ)深入分析吸收能力调节客户参与与技术创新绩效间的关系，得出如图4-2所示的新产品开发中客户参与对企业技术创新绩效的影响作用机制的细化假设与概念模型，图中客户参与、吸收能力、技术创新绩效各种假设关系均为正向(＋)影响关系。

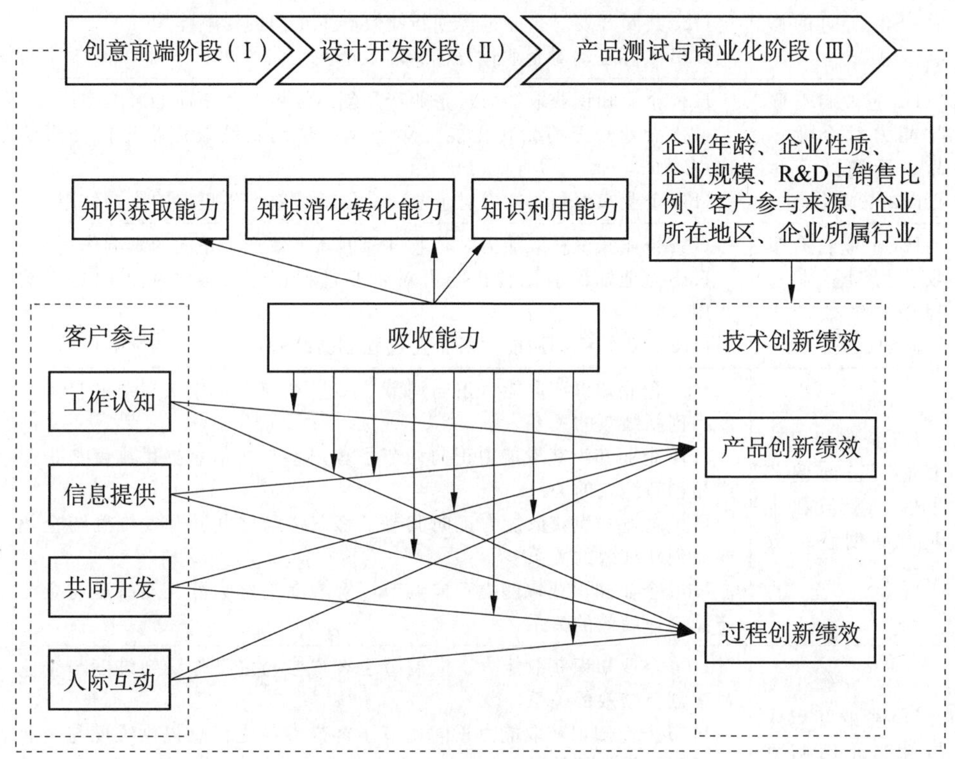

图4-2 概念模型的扩展与细化

由图4-2可以看出，企业自有吸收能力在客户参与对企业技术创新绩效的影响机制中起调节作用，通过文献与理论支撑，利用推导论证法，本研究提出了相应的十大假设，如表4-1所示。

表4-1 研究假设汇总

总假设描述	分假设描述
H1 客户参与对企业产品创新绩效产生正向的影响作用	H1a 工作认知对企业产品创新绩效产生正向的影响作用 H1b 信息提供对企业产品创新绩效产生正向的影响作用 H1c 共同开发对企业产品创新绩效产生正向的影响作用 H1d 人际互动对企业产品创新绩效产生正向的影响作用

续表

总假设描述	分假设描述
H2 客户参与对企业过程创新绩效产生正向的影响作用	H2a 工作认知对企业过程创新绩效产生正向的影响作用 H2b 信息提供对企业过程创新绩效产生正向的影响作用 H2c 共同开发对企业过程创新绩效产生正向的影响作用 H2d 人际互动对企业过程创新绩效产生正向的影响作用
H3 企业自有吸收能力对企业产品创新绩效产生正向的影响作用	H3a 企业知识获取能力对企业产品创新绩效产生正向的影响作用 H3b 企业知识消化转化能力对企业产品创新绩效产生正向的影响作用 H3c 企业知识利用能力对企业产品创新绩效产生正向的影响作用
H4 企业自有吸收能力对企业过程创新绩效产生正向的影响作用	H4a 企业知识获取能力对企业过程创新绩效产生正向的影响作用 H4b 企业知识消化转化能力对企业过程创新绩效产生正向的影响作用 H4c 企业知识利用能力对企业过程创新绩效产生正向的影响作用
H5 企业知识获取能力正向调节了客户参与和企业产品创新绩效的关系	H5a 企业知识获取能力正向调节了客户参与之工作认知维度与企业产品创新绩效的关系 H5b 企业知识获取能力正向调节了客户参与之信息提供维度与企业产品创新绩效的关系 H5c 企业知识获取能力正向调节了客户参与之共同开发维度与企业产品创新绩效的关系 H5d 企业知识获取能力正向调节了客户参与之人际互动维度与企业产品创新绩效的关系
H6 企业知识获取能力正向调节了客户参与和企业过程创新绩效的关系	H6a 企业知识获取能力正向调节了客户参与之工作认知维度与企业过程创新绩效的关系 H6b 企业知识获取能力正向调节了客户参与之信息提供维度与企业过程创新绩效的关系 H6c 企业知识获取能力正向调节了客户参与之共同开发维度与企业过程创新绩效的关系 H6d 企业知识获取能力正向调节了客户参与之人际互动维度与企业过程创新绩效的关系
H7 企业知识消化转化能力正向调节了客户参与和企业产品创新绩效的关系	H7a 企业知识消化转化能力正向调节了客户参与之工作认知维度与企业产品创新绩效的关系 H7b 企业知识消化转化能力正向调节了客户参与之信息提供维度与企业产品创新绩效的关系 H7c 企业知识消化转化能力正向调节了客户参与之共同开发维度与企业产品创新绩效的关系 H7d 企业知识消化转化能力正向调节了客户参与之人际互动维度与企业产品创新绩效的关系

续表

总假设描述	分假设描述
H8 企业知识消化转化能力正向调节了客户参与和企业过程创新绩效的关系	H8a 企业知识消化转化能力正向调节了客户参与之工作认知维度与企业过程创新绩效的关系 H8b 企业知识消化转化能力正向调节了客户参与之信息提供维度与企业过程创新绩效的关系 H8c 企业知识消化转化能力正向调节了客户参与之共同开发维度与企业过程创新绩效的关系 H8d 企业知识消化转化能力正向调节了客户参与之人际互动维度与企业过程创新绩效的关系
H9 企业知识利用能力正向调节了客户参与和企业产品创新绩效的关系	H9a 企业知识利用能力正向调节了客户参与之工作认知维度与企业产品创新绩效的关系 H9b 企业知识利用能力正向调节了客户参与之信息提供维度与企业产品创新绩效的关系 H9c 企业知识利用能力正向调节了客户参与之共同开发维度与企业产品创新绩效的关系 H9d 企业知识利用能力正向调节了客户参与之人际互动维度与企业产品创新绩效的关系
H10 企业知识利用能力正向调节了客户参与和企业过程创新绩效的关系	H10a 企业知识利用能力正向调节了客户参与之工作认知维度与企业过程创新绩效的关系 H10b 企业知识利用能力正向调节了客户参与之信息提供维度与企业过程创新绩效的关系 H10c 企业知识利用能力正向调节了客户参与之共同开发维度与企业过程创新绩效的关系 H10d 企业知识利用能力正向调节了客户参与之人际互动维度与企业过程创新绩效的关系

第 5 章 研究设计与研究方法

在第 4 章概念模型与研究假设确定后，本章将对研究设计与研究方法进行阐述，具体从问卷设计、变量的测量与预调查等方面进行讨论。本研究基于企业层面进行，由于其中涉及企业自身信息、企业及其参与客户的交互信息，这些数据均无法从一般公开资料中获得，因而本研究采用问卷调查的方式向企业调查获得第一手数据。通过已有文献挖掘，笔者对上海的部分企业进行了调研，并结合企业实际调查、学术专家访谈、研究团队讨论、企业专家、企业基层人员访谈等方式，对问卷设计进行了反复修改，以对企业技术创新绩效、客户参与、企业的吸收能力变量进行度量，通过预调查的方式，利用小样本进行了前测，对所有变量测量题项进行净化并采用探索性因子分析方法对所有变量进行了分析研究，为大样本调查实测提供了测量依据。

5.1 问卷设计

想要获得可靠、有效的问卷数据，科学的问卷设计是前提。一般来说，问卷是最快速有效地收集数据的方法。一项以一手数据为基础的研究项目，其研究深度本质上由问卷设计的深度决定(马庆国，2008)。借鉴 Churchill(1979)、李怀祖

(2000)、马庆国(2002)、DeVellis(2003)等提出的关于问卷设计的建议,本研究按照以下流程进行问卷设计和发放。

(1) 问卷采用多题项对变量进行测量。多题项较单题项而言更能提高信度(Churchill,1979)。

(2) 通过对已有文献挖掘以及对企业实际走访调查与访谈,形成问卷的初稿。在大量阅读国内外企业技术创新、企业网络、企业吸收能力、客户参与、新产品创新研发等资料的基础上,借鉴国内外已有成熟的问卷和相似的维度测量题项,并结合对企业的实际调查提取关键特征(访谈提纲见附录2),形成问卷的初稿。

(3) 通过与学术专家讨论,形成问卷第二稿。笔者所在研究团队(1位教授、4位副教授以及5位博士生)进行了多次焦点小组讨论,在问卷结构、题项设置、题项用词与表达、题项逻辑顺序等方面进行了大量修改,尤其是在客户参与的题项测量方面做了大量探讨,逐条进行讨论修正,形成了问卷第二稿。

(4) 通过与企业专家访谈,形成问卷第三稿。把问卷需要收集数据的意图与上海4家,美国1家企业中层领导、企业基层人员直接交流,并询问问卷题项是否反映了要收集数据的真实意图?题项用词是否符合企业实际?题项是否能很好地被理解?(这些企业专家提出的问卷修改建议见附录3),经过反复修改,形成了问卷的第三稿。

(5) 通过预调查对问卷题项进行净化,并再次经专家审定,形成问卷最终稿。将问卷第三稿通过上海交通大学慧谷高科技创业中心授权发放给园区企业,笔者亲自到现场发放、解释、收集,共收回60份有效问卷,利用这60份有效问卷进行小样本测试,对所有变量测量题项进行净化并采用探索性因子分析方法对所有变量进行了分析研究,形成的问卷再次反馈给企业专家、学术专家征集意见,在此基础上形成了问卷最终稿(见附录D),从而可用于大样本调查实测。

(6) 问卷采用李克特(Likert)5级量表进行测量,并避免被试者依赖记忆才能回答的问题。结合对企业的访谈,大部分企业人员都认为问卷采用5级量表方式最容易清晰地回答,即客户参与和企业吸收能力采用“极不符合(=1)、不太符合(=2)、一般(=3)、比较符合(=4)、非常符合(=5)”;企业技术创新绩效的高低采用“极低(=1)、较低(=2)、一般(=3)、较高(=4)、非常高(=5)”。测量企业吸收能力、企业技术创新绩效涉及的问题均是在过去三年内,被试企业与同行业水平相比较得到的相对值,以避免被试人员因忘记具体数字而带来误差。

(7) 问卷设计对被试人员做了详细规定,以避免数据失真。问卷要求企业研发部(或技术部)、市场部、产品部、生产制造部、销售部的部门负责人,企业高层或与新产品开发的有关部门负责人填写,每个企业回收1份;不允许随意作答同一个答案或者交替填写答案;问卷不记名,仅用于学术目的,并承诺保密,以避免被试人员因知道问题答案而不愿作答;上述规定标注在问卷首页上,以避免回收的问卷带来数据失真。

(8) 大样本调查实测。在长三角地区(上海、江苏、浙江)以及山东、广东、广西共6个省、市、自治区进行发放,共收回有效问卷475份,有关大样本调查问卷详细的统计分析在第6章进行详细介绍。

5.2 变量测量

本书设计的研究变量分为以下四类。①被解释变量(explained variables),指企业的技术创新绩效,具体有两个维度变量:产品创新绩效和过程创新绩效。②解释变量(explanatory variables),指新产品开发中客户参与,具体有四个维度变量:工作认知、信息提供、共同开发、人际互动。③调节变量(moderated variables),指企业的吸收能力,具体有三个维度变量:知识获取能力、知识消化转化能力、知识利用能力。④控制变量(control variables),是指除了解释变量外,所有影响被解释变量的其他变量,但这些变量不是本研究主要研究变量,主要是:企业年龄、企业性质、企业规模、研发(R&D)支出占总销售额比例、客户参与的主要来源、企业所在地区、企业所属行业。

5.2.1 被解释变量

综合3.1.3技术创新绩效维度与测量的相关文献,并结合中国企业实际和专家访谈的意见,本研究从产品创新绩效、过程创新绩效两方面来测量企业的技术创新绩效,其中产品创新绩效5个题项(在研发(R&D)投入、申请专利数、引用专利数3个指标中选取1个申请产品专利数题项,其余4个题项选取最为公认指标——新产品数、新产品销售额占销售总额比重、新产品开发速度、创新产品的成功率);过程创新绩效4个题项,从Gemünden等(1996)过程绩效指标中选取4个最为公认的指标(劳动力成本降低的程度、缩短订货至交货时间的程度、劳动生产率提高的程度、原材料和能源消耗降低的程度),由被试人员根据在过去的三年内,与同行业的平均水平相比,技术创新活动绩效的表现来评分,具体题项如表5-1所示。

表5-1 被解释变量的测量——企业技术创新绩效

变量	题项代码	测量题项	依据或来源
产品创新绩效	PDIP1 PDIP2 PDIP3 PDIP4 PDIP5	新产品数 申请的产品专利数 新产品销售额占销售总额比重 新产品开发速度 创新产品的成功率	Griliches(1994);Archibrugi & Pianta(1996);Gemünden,等(1996);Hagedoorn & Cloodt(2003);Frishammar & Hörte(2005);Prajogo & Ahmed(2006);Hernandez-Espallardo,等(2012);Ar & Baki(2011);Duysters & Lokshin(2011);张方华(2004);韦影(2005);许冠南(2008);彭新敏(2009)
过程创新绩效	PCIP1 PCIP2 PCIP3 PCIP4	劳动力成本降低的程度 缩短订货至交货时间的程度 劳动生产率提高的程度 原材料和能源消耗降低的程度	Gemünden,等(1996);Tidd & Trewhella(1997);Zhuang,等(1999);Boschma & Terwal(2007);Alegre & Chiva(2008);张群祥(2012)

5.2.2 解释变量

综合3.2.4目前已有的国内外文献分析,大都聚焦研究个体顾客参与类似于服务的“软”产品,参与新产品开发的“硬”产品文献较少,而且作为企业层面的客户参与的文献更为缺乏,如何能把其中参与部分的共性部分提炼出,又能应用到新产品开发的“硬”产品中去,符合新产品开发的特征,是本研究需要解决的一项关键科学问题,也是本研究的一项创新点。综合上述已有文献,本研究还进一步做了以下工作。

(1)题项修改。从国内外文献和理论中,找出所有测量维度具体的题项,通过走访20余家有开发新产品经历的企业,识别出客户参与新产品开发的关键特征和模式,形成具体的题项,并在研究团队内部进行多次焦点小组讨论,提出在新产品开发中，客户参与用工作认知、信息提供、共同开发、人际互动四个维度来测量，并筛选出最能反映在新产品开发中客户参与的每个测量维度的具体题项，并逐条在题项设置、题项用词与表达、题项逻辑顺序方面进行修改。

(2) 题项小样本测试。利用预调查中的小样本对所有变量测量题项进行净化并采用探索性因子分析方法对所有变量进行分析研究。

(3) 题项确定。最后通过企业专家、学术专家对客户参与的题项进行全面审定，题项尽量采用简单通俗的语言表述。审定后确定的客户参与测量题项如表 5-2 所示。

表 5-2 解释变量的测量——客户参与

变量	题项代码	测量题项	依据或来源
工作认知	TD1	客户了解新产品开发的步骤	Gronroos(1982)；Bowen(1989)；Kellogg，等(1997)；Lloyd(2003)；易英(2006)
	TD2	客户了解所开发新产品的有关专业知识	
	TD3	客户了解新产品开发过程中，所参与的若干事项难易程度	
信息提供	IP1	客户向我们提供自己拥有的需求及偏好信息	Kelley et al.(1990)；Lengnick-Hall(1996)；Bettencourt(1997)；Kellogg，等(1997)；Binks(1999)；Claycomb，等(2001)；Ennew& Lloyd(2003)；Fang(2008)；彭艳君(2010)；汪涛 & 郭锐(2010)；姚山季 & 王永贵(2011)
	IP2	客户向我们提供不包括自身在内的市场环境信息、开发信息	
	IP3	当客户需求及偏好发生改变，会向我们补充信息	
	IP4	客户会与我们分享能进一步改进产品的重要信息	
共同开发	CD1	客户的工作是该阶段任务的重要组成部分	Cermak(1994)；Lengnick-Hall(1996)；Bettencourt(1997)；Claycomb，等(2001)；Lloyd(2003)；Fang(2008)；易英(2006)；彭艳君(2010)；姚山季 & 王永贵(2011)
	CD2	客户的开发努力在该阶段任务完成中起到了非常重要的作用	
	CD3	客户与我们共同决策，产生解决方案(如焦点小组、头脑风暴、现场观察、深度访谈等)	

续表

变量	题项代码	测量题项	依据或来源
人际互动	RB1	客户与我们沟通轻松灵活	Kellogg，等（1997）；Ennew & Binks(1999)；易英(2006)；彭艳君(2010)；汪涛 & 郭锐(2010)
	RB2	客户与我们保持相互信任	
	RB3	客户与我们保持相互配合与支持	

注：每个题项分别从创意前端阶段(Ⅰ)、设计开发阶段(Ⅱ)、产品测试与商业化阶段(Ⅲ)来测量

为了详细了解新产品开发中各阶段的客户参与的情况，本研究还进行了一项创新性的工作，即在问卷设计上把客户参与各题项的问题放在以下三个阶段上分别测试，以全面了解新产品开发中客户参与在各阶段的表现。并且，从与企业访谈的情况来看，分阶段测试方式也赋予了被试者一种具体的情境，这样问卷的数据就越接近真实情况。如前所述，本研究客户参与的各阶段按以下三大段来划分。

(1) 创意前端阶段(Ⅰ)。包括新产品战略规划、新产品创意及筛选、新产品概念开发及筛选(市场研究、产品定义、技术可行性)、新产品立项(概念测试)。

(2) 设计开发阶段(Ⅱ)。包括新产品设计与开发(原型测试)。

(3) 产品测试与商业化阶段(Ⅲ)。包括新产品测试与矫正(使用测试、客户测试、市场测试)、量产、新产品上市及后期全生命周期管理。

5.2.3 调节变量

笔者在走访调研企业和对企业专家访谈的过程中，企业人员也提到和 Todorova & Durisin(2007)同样的建议，认为知识消化能力和知识转化能力在实际中很难区分开。笔者借鉴权威 Jasen & Bosch(2005)的知识获取能力、知识消化能力、知识转化能力、知识利用能力四维度量表在小样本测量中也进行了实际测量(每个维度4个题项，共16个题项)，发现在探索性因子分析中，知识消化能力和知识转化能力的确难以区分，后按照探索性因子分析结果，量表共删除4道题，并改为知识获取能力、知识消化转化能力、知识利用能力三维度量表再重新进行信度分析和探索性、验证性因子分析，结果非常满意(本研究只报告三维度量表的结果，见表5.3)，因此本研究结果支持了三维度假说，结合中国企业实际和学术专家的意见，形成的测量题项如表

5-3所示，由被试人员根据过去的三年内，与同行业的平均水平相比，对外部知识的获取、消化转化、利用方面的能力来评分，用于大样本测量。

表 5-3　调节变量的测量——企业吸收能力

变量	题项代码	测量题项	依据或来源
知识获取能力	ACC1 ACC2 ACC3	我们公司员工经常拜访其他公司获得新知识 我们经常通过非正式方式搜集行业信息 我们经常接触第三方机构，如咨询公司、会计事务所等	Cohen & Levinthal (1989); Lane，等(2001; 2006); Zahra & George (2002); Jasen & Bosch (2005); Tsai(2006); Todorova & Durisin (2007); Fosfuri & Tribo (2008); Camison & Fores (2010); Flatten，等 (2011); Gebauer，等 (2012); Saraf，等(2013); 韦影 & 吴晓波(2005); 吴家喜 & 吴贵生(2009); 阎海峰(2009)
知识消化转化能力	ASTC1 ASTC2 ASTC3 ASTC4 ASTC5 ASTC6	我们能很快识别、理解服务客户的新机会 我们能很快分析、理解不断变化的市场需求 我们组织公司层面知识和技术的学习、交流和分享 我们会根据新产品的市场需求变化及时更新知识 我们员工会主动学习新知识以供未来使用 我们能快速识别外部新知识对于企业是否有用	Lane & Lubatkin (1998); Van den Bosch，等 (1999); Zahra & George (2002); Jasen & Bosch (2005); Todorova & Durisin (2007); Fosfuri & Tribo (2008); Camison & Fores (2010); Flatten，等 (2011); Gebauer，等 (2012); Saraf et al. (2013); 韦影 & 吴晓波(2005); 吴家喜 & 吴贵生(2009); 阎海峰(2009)
知识利用能力	EC1 EC2 EC3	我们各部门角色定位和责任分工非常明确 我们员工对公司的产品有深入的了解 我们能快速将新知识应用于相关产品或市场	Lane & Lubatkin(1998); Zahra & George(2002); Jasen & Bosch (2005); Lane，等(2006); Todorova & Durisin (2007); Tsai (2006); Camison & Fores (2010); Flatten，等 (2011); Gebauer，等 (2012); Saraf，等(2013); 韦影 & 吴晓波(2005); 吴家喜 & 吴贵生(2009); 阎海峰(2009)

5.2.4 控制变量

研究表明,被解释变量企业技术创新绩效受多因素共同作用影响,除了上述解释变量、调节变量外,研究还需要对一些外部变量进行控制,它们是企业年龄、企业性质、企业规模、研发(R&D)支出占总销售额比例、客户参与的主要来源、企业所在地区、企业所属行业。

1. 企业年龄

企业成立年限在调查中划分为5类:3年以下、大于等于3年小于5年、大于等于5年小于10年、大于等于10年小于15年、大于等于15年。在问卷数据处理中,按对应的年限值,取组中值进行处理。

2. 企业性质

企业性质划分为五类:国有(含集体)、民营、中外合作(资)、外商独资、其他。在问卷数据处理中,处理为国有(含集体)赋值1、非国有(包括民营、中外合作(资)、外商独资、其他)赋值0。

3. 企业规模

按照“国家统计局关于印发统计上大中小微型企业划分办法的通知”(国统字〔2011〕75号),办法适用范围包括:农、林、牧、渔业,采矿业,制造业,电力、热力、燃气及水生产和供应业,建筑业,批发和零售业,交通运输、仓储和邮政业,住宿和餐饮业,信息传输、软件和信息技术服务业,房地产业,租赁和商务服务业,科学研究和技术服务业,水利、环境和公共设施管理业,居民服务、修理和其他服务业,文化、体育和娱乐业等15个行业门类以及社会工作行业大类。按照上述行业门类、大类、中类和组合类别,依据从业人员、营业收入、资产总额等指标或替代指标,将我国的企业划分为大型、中型、小型、微型四种类型。

参照上述分类,本研究分别按大型、中型、小型、微型来刻画“企业规模”,具体指标包括“企业员工人数”“企业年销售额”“企业资产总额”,如表5-4所示。

表 5-4 企业规模的分类

指标名称	计量	微型	小型	中型	大型
企业员工人数(X)	人	X＜20	20≤X＜300	300≤X＜1 000	X≥1 000
企业年销售额(Y)	万元	Y＜300	300≤Y＜2 000	2000≤Y＜4 0000	Y≥4 0000
企业资产总额(Z)	万元	Z＜300	300≤Z＜5 000	5000≤Z＜80 000	Z≥80 000

在问卷数据处理中，先依次取上述数值的自然对数 ln 的值，然后取组中值进行处理；在第 6 章实证研究中还将观察“企业员工人数”“企业年销售额”“企业资产总额”的相关关系，取一个代理变量来测量企业规模。

4. 研发(R&D)支出占总销售额比例

企业研发(R&D)支出占总销售额的比例又称为企业研发强度。它是衡量企业研发水平和研发能力的重要指标，也是衡量企业竞争力的基本指标。国际上普遍认为这一比例达到 2.5%时，企业方可维持生存；达到 5%以上时，企业在市场上才具有竞争力。发达国家的比例一般是 3%～5%，高新技术企业则达到 10%，有些企业甚至达到 20%。2000 年美国高新技术产业研发经费强度达到 22.5%，日本、德国和法国也分别高达 21.7%、23.2%和 27.1%。目前世界 500 强大型企业的研发经费强度达到 5%～10%，而 2009 年中国制造业 500 强这一比例仅平均为 1.63%，与发达国家有明显的差距。

参照中国制造业 500 强研发强度比例以及国际上普遍认同的数据，本研究将研发(R&D)支出占总销售额比例这一比例分为六类：1%以下、大于等于 1%小于 1.5%、大于等于 1.5%小于 2.5%、大于等于 2.5%小于 5%、大于等于 5%小于 10%、大于等于 10%。在问卷数据处理中，按对应的比例去除百分比，取组中值进行处理。

5. 客户参与的主要来源

本研究考虑到参与企业新产品开发的客户主要来源有可能是企业客户，也有可能是个体顾客，因此为了清楚某企业新产品开发中客户主要来源的构成，单独设置一个可多选的题，要求被试者在企业客户、个体顾客中根据实际情况选其一或均选择。在问卷数据处理中，企业客户、个体顾客两个变量选中即赋值 1，未选中赋值 0。

6. 企业所在地区

企业所在地区，因笔者所在地地处长三角地区，因此在地区分类时选用上海、浙江、江苏、其他（请填写），地区用 Shanghai 、Zhejiang 、Jiangsu 3 个虚拟变量表示，对照组为“其他”，选中某个地区赋值 1，未选中赋值 0。

7. 企业所属行业

参照《中华人民共和国金融行业标准(JR/T 0020—2004)》，按照企业市场调研、深度访谈及预调查对中国企业客户参与现状的了解，本研究对几乎没有客户参与或者客户参与较少的行业不予直接选取，统一归入“其他”类行业中，研究选取食品饮料烟草制造业(C_0)，纺织服装皮毛业(C_1)，木材家具业(C_2)，造纸印刷文体用品业(C_3)，石油加工炼焦业(C_{41})，化学原料及化学制品（含日用化学品）制造业(C_{43})，塑料橡胶制造业(C_{48}、C_{49})，生物医药制造业(C_5)，金属、非金属业(C_6)，机械仪器仪表制造业(C_7)，交通运输（如铁路、汽车、电车、摩托车等）设备制造业(C_8)，电力、燃气及水业(D)，建筑业(E)，通信、计算机、电子元器件、软件、电信、互联网等电子信息技术业(G)，其他共 15 类行业。在问卷数据处理中，行业用 Ind_1 ～ Ind_{14} 共 14 个虚拟变量来表示，对照组为“其他”，选中某个行业赋值 1，未选中均赋值 0。

5.3 预 调 查

预调查于 2013 年 10 月 11 日在上海进行，通过上海交通大学慧谷高科技创业中心授权发放给园区企业，笔者亲自到园区现场发放调查问卷 80 份，并在现场进行解释和收集问卷，共收回 60 份有效问卷，回收率为 75%，利用这 60 份有效问卷进行小样本测试，目的是通过对问卷进行初步分析后，删除影响其信度和效度的题项，使问卷的测量题项得到改进。

5.3.1 小样本测试方法

第一步，对各潜变量的测量题项进行信度分析。主要目的是精减问卷，删除对测量变量贡献较小的题项，以增加每个变量信度，最终增加问卷的稳定性与一致性。信度有外在信度与内在信度两大类。外在信度通常指不同时间测量量表一致性的程度，重测信度是外在信度最常使用的检验方法。在本研究的多题项量表中，内在信度特别重要，即指每一个量表是否测量单一概念，同时组成量表题项的内在一致性程度如何（吴明隆，2010），最常使用测量内在信度的方法是克朗巴赫 α 系数（Cronbach's α），如果内在信度 α 值在 0.7 以上（Bryman & Cramer，1997），表示量表有较高的信度。另外在因子分析前，要使用题项—总体相关系数 CITC（corrected item-total correlation）净化测量题项，纠正的标准有以下两个（卢纹岱，2002）：①题项—总体相关系数 CITC 小于 0.3 予以删除；②若删除某个测量题项使 Cronbach's α 增大，则删除该题项。

第二步，对所有变量测量题项进行净化后进行效度分析。效度又称为“正确性”和“有效性”，它表示问卷工具能够真正测量到其所要测量的能力或功能的程度，在小样本测试中，本研究主要衡量内容效度（content validity）、结构效度（construct validity）两个方面。内容效度主要对测量内容的适切性进行检验，即问卷所有问题是否能测量出研究者所要测量的内容，通常采用文献分析和访谈法来评估。本问卷编制中也采用了上述两种方法，通过文献挖掘，题项参考了众多学者已经使用过的成熟问卷，对没有合适的直接选用的量表，根据文献并深度访谈和咨询多位专家后进行了反复论证和多次修改，完善了问题的提问方式，并采用通俗的贴近企业的语言来描述，因此形成的问卷具有较高的内容效度。结构效度是指测量结果能说明理论所构想的结构或特质的程度，结构效度最常使用的方法是因子分析。因子分析可分为探索性因子分析（exploratory factor analysis，EFA）和验证性因子分析（confirmatory factor analysis，CFA），探索性因子分析只适合在测量问卷开发初期使用，只有在对测量问卷的内部结构比较清楚时，验证性因子分析才是最直接的、带有假设检验性质的分析方法（陈晓萍、徐淑英，2008）。因此，本研究在小样本测试时采用探索性因子分析方法对问卷进行结构效度检验，在大样本测量时采用验证性因子分析方法对问卷进行结构效度检验。

探索性因子分析是指从测量题项中提取公因子，这些公因子代表了问卷的基本结构，并可发现与测量无关的题项。在进行探索性因子分析前首先要进行KMO样本充分性测度(kaiser-meyer-olkin measure of sampling adequacy)和Barlett's球体检验(Barlett's test of sphericity)。Kaiser等认为，KMO值越大，表示变量间的共同因素越多，即越适合进行因子分析，KMO大于0.9意味着非常适合进行因子分析，KMO在0.8～0.9间表示很适合，KMO在0.7～0.8间表示适合，KMO在0.6～0.7间表示不太适合，KMO在0.5～0.6间表示很勉强，KMO小于0.5时表示不适合进行因子分析 。Barlett's球体检验统计值显著性概率值小于等于显著性水平时，可以做探索性因子分析(马庆国，2002)。根据上述原则，本研究只对KMO值大于0.7进行因子分析。

本研究使用SPSS 19.0软件进行探索性因子分析，采用主成分分析法(principal component analysis)提取主因子，并以方差最大化旋转法(varimax)后萃取因子，对特征值(eigenvalue)大于1的因子进行萃取，在判定量表的结构效度时，按照以下几个标准进行。

(1) 一个题项自成一个因子，说明没有内部一致性，则删除。

(2) 如果题项在所有因子的载荷值均小于0.5，说明意义不明确，或者在两个或两个以上的因子载荷值大于0.5，属于横跨因子现象，可以删除。

(3) 每个题项在其中一个公共因子上的载荷值大于0.5(越大越好，接近1)，而在其他公共因子的载荷值较低(越小越好，接近0)。

(4) 公共因子与问卷设计设定的变量结构假设组成的领域相符，且公共因子的累计方差至少在40%以上。

(5) 将删除测量题项的变量重新计算信度，再循环操作上述(1)～(4)步。

在5.2.2节已提出，为了详细了解新产品开发中各阶段的客户参与的情况，客户参与的每个题项分别从创意前端阶段(Ⅰ)、设计开发阶段(Ⅱ)、产品测试与商业化阶段(Ⅲ)来测量，每个维度在各阶段的得分为其各题项在相应阶段的算术平均值，可以用来研究各阶段的影响效应。本研究再引入一个全阶段(Total)概念，全阶段是表示把三个阶段取算术平均值，即把三个阶段合成来看，反映客户参与各个维度上的平均的分值，可以用来研究全阶段的影响效应。因此有以下计算公式。

(1) 客户参与的“工作认知”维度有三个题项TD1、TD2、TD3，则TD(Ⅰ)、TD

(Ⅱ)、TD(Ⅲ)分别表示“工作认知”维度在各个阶段的得分,TD(Total)表示“工作认知”维度在全阶段的得分。

TD(Ⅰ)=[TD1(Ⅰ)+TD2(Ⅰ)+TD3(Ⅰ)]/3

TD(Ⅱ)=[TD1(Ⅱ)+TD2(Ⅱ)+TD3(Ⅱ)]/3

TD(Ⅲ)=[TD1(Ⅲ)+TD2(Ⅲ)+TD3(Ⅲ)]/3

TD(Total)=[TD(Ⅰ)+TD(Ⅱ)+TD(Ⅲ)]/3

(2) 客户参与的“信息提供”维度有四个题项 IP1、IP2、IP3、IP4,则 IP(Ⅰ)、IP(Ⅱ)、IP(Ⅲ)分别表示“信息提供”维度在各个阶段的得分,TD(Total)表示“信息提供”维度在全阶段的得分。

IP(Ⅰ)=[IP1(Ⅰ)+IP2(Ⅰ)+IP3(Ⅰ)+IP4(Ⅰ)]/4

IP(Ⅱ)=[IP1(Ⅱ)+IP2(Ⅱ)+IP3(Ⅱ)+IP4(Ⅱ)]/4

IP(Ⅲ)=[IP1(Ⅲ)+IP2(Ⅲ)+IP3(Ⅲ)+IP4(Ⅲ)]/4

IP(Total)=[IP(Ⅰ)+IP(Ⅱ)+IP(Ⅲ)]/3

(3) 客户参与的“共同开发”维度有三个题项 CD1、CD2、CD3,则 CD(Ⅰ)、CD(Ⅱ)、CD(Ⅲ)分别表示“共同开发”维度在各个阶段的得分,CD(Total)表示“共同开发”维度在全阶段的得分。

CD(Ⅰ)=[CD1(Ⅰ)+CD2(Ⅰ)+CD3(Ⅰ)]/3

CD(Ⅱ)=[CD1(Ⅱ)+CD2(Ⅱ)+CD3(Ⅱ)]/3

CD(Ⅲ)=[CD1(Ⅲ)+CD2(Ⅲ)+CD3(Ⅲ)]/3

CD(Total)=[CD(Ⅰ)+CD(Ⅱ)+CD(Ⅲ)]/3

(4) 客户参与的“人际互动”维度有三个题项 RB1、RB2、RB3,则 RB(Ⅰ)、RB(Ⅱ)、RB(Ⅲ)分别表示“人际互动”维度在各个阶段的得分,RB(Total)表示“人际互动”维度在全阶段的得分。

RB(Ⅰ)=[RB1(Ⅰ)+RB2(Ⅰ)+RB3(Ⅰ)]/3

RB(Ⅱ)=[RB1(Ⅱ)+RB2(Ⅱ)+RB3(Ⅱ)]/3

RB(Ⅲ)=[RB1(Ⅲ)+RB2(Ⅲ)+RB3(Ⅲ)]/3

RB(Total)=[RB(Ⅰ)+RB(Ⅱ)+RB(Ⅲ)]/3

在小样本测试和下一章大样本实证中,都将使用上述公式进行计算。

各变量的主要符号含义及对照表见附录 1。

5.3.2 小样本数据信度分析

1. 客户参与各维度信度分析

1）工作认知维度信度分析

如表5-5所示，客户参与的“工作认知”维度中的三个题项在创意前端阶段（Ⅰ）、设计开发阶段（Ⅱ）、产品测试与商业化阶段（Ⅲ）、全阶段（Total）的所有CITC系数在0.3以上，且所有Cronbach's α系数都在0.8附近，属于较高信度水平，表明量表的内在一致性较好，无须删除题项。全阶段（Total）的“工作认知”维度Cronbach's α值也为0.842，表明总体信度较高。全阶段（Total）的方差分析ANOVA显示，F值为5.368，p值为0.005，达到0.01的显著性水平，表明各题项在“工作认知”测量题项间的答案较为一致，拒绝同一维度各个题项取值是相互独立的，也反映量表的信度较好。

表5-5 各阶段工作认知维度的信度检验

客户参与的阶段	题项代码	题项—总体相关系数	复相关系数平方	删除此题后α值	Cronbach's α
创意前端阶段（Ⅰ）	TD1	0.697	0.490	0.741	0.824
	TD2	0.696	0.489	0.742	
	TD3	0.649	0.421	0.789	
设计开发阶段（Ⅱ）	TD1	0.639	0.410	0.687	0.783
	TD2	0.628	0.397	0.699	
	TD3	0.597	0.357	0.731	
产品测试与商业化阶段（Ⅲ）	TD1	0.603	0.382	0.636	0.750
	TD2	0.611	0.387	0.632	
	TD3	0.525	0.276	0.733	
全阶段（Total）	TD1	0.724	0.530	0.764	0.842
	TD2	0.720	0.524	0.771	
	TD3	0.682	0.465	0.808	

2）信息提供维度信度分析

如表5-6所示，客户参与的“信息提供”维度中的四个题项在各阶段的所有CITC系数在0.3以上，且所有Cronbach's α系数都在0.7以上，属于较高信度水平，表明量表的内在一致性较好，无须删除题项。全阶段（Total）维度Cronbach's α

值也为 0.819，表明总体信度较高。全阶段（Total）的方差分析 ANOVA 显示，F 值为 59.073，p 值为 0.000，达到 0.001 的显著性水平，反映出量表的信度较好。

表 5-6 各阶段信息提供维度的信度检验

客户参与的阶段	题项代码	题项—总体相关系数	复相关系数平方	删除此题后 α 值	Cronbach's α
创意前端阶段（Ⅰ）	IP1	0.550	0.309	0.716	0.764
	IP 2	0.499	0.259	0.742	
	IP 3	0.593	0.379	0.692	
	IP 4	0.613	0.389	0.681	
设计开发阶段（Ⅱ）	IP1	0.608	0.375	0.715	0.780
	IP 2	0.538	0.295	0.750	
	IP 3	0.614	0.389	0.710	
	IP 4	0.577	0.340	0.729	
产品测试与商业化阶段（Ⅲ）	IP1	0.537	0.293	0.678	0.740
	IP 2	0.482	0.238	0.710	
	IP 3	0.606	0.373	0.637	
	IP 4	0.507	0.278	0.695	
全阶段（Total）	IP1	0.660	0.449	0.764	0.819
	IP 2	0.568	0.327	0.807	
	IP 3	0.685	0.497	0.750	
	IP 4	0.654	0.438	0.766	

3）共同开发维度信度分析

如表 5-7 所示，客户参与的“共同开发”维度中的三个题项在各阶段的所有 CITC 系数在 0.3 以上，且所有 Cronbach's α 系数都在 0.8 左右，属于较高信度水平，表明量表的内在一致性较好，无须删除题项。全阶段（Total）维度 Cronbach's α 值也为 0.828，表明总体信度较高。全阶段（Total）的方差分析 ANOVA 显示，F 值为 15.427，p 值达 0.000，达到 0.001 的显著性水平，反映出量表的信度较好。

表 5-7 各阶段共同开发维度的信度检验

客户参与的阶段	题项代码	题项—总体相关系数	复相关系数平方	删除此题后 α 值	Cronbach's α
创意前端阶段（Ⅰ）	CD1	0.673	0.459	0.715	0.806
	CD2	0.678	0.463	0.710	
	CD3	0.614	0.377	0.775	

续表

客户参与的阶段	题项代码	题项—总体相关系数	复相关系数平方	删除此题后α值	Cronbach's α
设计开发阶段(Ⅱ)	CD1	0.589	0.351	0.734	0.780
	CD2	0.656	0.432	0.661	
	CD3	0.609	0.379	0.713	
产品测试与商业化阶段(Ⅲ)	CD1	0.584	0.352	0.695	0.763
	CD2	0.638	0.409	0.632	
	CD3	0.564	0.323	0.718	
全阶段(Total)	CD1	0.674	0.469	0.773	0.828
	CD2	0.731	0.536	0.715	
	CD3	0.651	0.431	0.796	

4）人际互动维度信度分析

如表5-8所示,客户参与的"人际互动"维度中的三个题项在各阶段的所有CITC系数在0.3以上,且所有Cronbach's α系数都接近0.8,属于较高信度水平,表明量表的内在一致性较好,无须删除题项。全阶段(Total)维度Cronbach's α值也为0.829,表明总体信度较高。全阶段(Total)的方差分析ANOVA显示,F值为30.817,p值达0.000,达到0.001的显著性水平,反映出量表的信度较好。

表5-8 各阶段人际互动维度的信度检验

客户参与的阶段	题项代码	题项—总体相关系数	复相关系数平方	删除此题后α值	Cronbach's α
创意前端阶段(Ⅰ)	RB1	0.525	0.285	0.780	0.789
	RB2	0.613	0.426	0.677	
	RB3	0.679	0.478	0.608	
设计开发阶段(Ⅱ)	RB1	0.463	0.221	0.776	0.786
	RB2	0.588	0.414	0.619	
	RB3	0.645	0.453	0.553	
产品测试与商业化阶段(Ⅲ)	RB1	0.414	0.172	0.694	0.773
	RB2	0.530	0.315	0.526	
	RB3	0.532	0.316	0.525	
全阶段(Total)	RB1	0.629	0.397	0.826	0.829
	RB2	0.711	0.533	0.741	
	RB3	0.729	0.549	0.726	

2. 吸收能力各维度信度分析

1）知识获取能力维度信度分析

如表 5-9 所示，吸收能力的“知识获取能力”维度中的三个题项 CITC 系数在 0.3 以上，且 Cronbach's α 系数接近 0.8，属于较高信度水平，表明量表的内在一致性较好，无须删除题项。方差分析 ANOVA 显示，F 值为 23.641，p 值为 0.000 达到 0.001 的显著性水平，反映出量表的信度较好。

表 5-9 知识获取能力维度的信度检验

题项代码	题项—总体相关系数	复相关系数平方	删除此题后 α 值	Cronbach's α
ACC1	0.507	0.269	0.570	0.772
ACC 2	0.328	0.120	0.696	
ACC 3	0.482	0.280	0.586	

2）知识消化转化能力维度信度分析

如表 5-10 所示，吸收能力的“知识消化转化能力”维度中的六个题项 CITC 系数在 0.3 以上，Cronbach's α 系数大于 0.8，属于较高信度水平，表明量表的内在一致性较好，无须删除题项。方差分析 ANOVA 显示，F 值为 6.387，p 值为 0.000 达到 0.001 的显著性水平，反映出量表的信度较好。

表 5-10 知识消化转化能力维度的信度检验

题项代码	题项—总体相关系数	复相关系数平方	删除此题后 α 值	Cronbach's α
ASTC1	0.622	0.461	0.827	0.850
ASTC2	0.660	0.487	0.820	
ASTC3	0.573	0.348	0.837	
ASTC4	0.704	0.507	0.812	
ASTC5	0.609	0.412	0.830	
ASTC6	0.638	0.422	0.825	

3）知识利用能力维度信度分析

如表 5-11 所示，吸收能力的“知识利用能力”维度中的三个题项 CITC 系数在

0.3以上，Cronbach's α系数接近0.8，属于较高信度水平，表明量表的内在一致性较好，无须删除题项。方差分析ANOVA显示，F值为3.145，p值为0.024，达到0.05的显著性水平，反映出量表的信度较好。

表5-11　知识利用能力维度的信度检验

题项代码	题项—总体相关系数	复相关系数平方	删除此题后α值	Cronbach's α
EC1	0.586	0.345	0.720	0.777
EC2	0.582	0.341	0.723	
EC3	0.570	0.329	0.728	

3. 技术创新绩效各维度信度分析

1）产品创新绩效维度信度分析

如表5-12所示，技术创新绩效的“产品创新绩效”维度中的五个题项CITC系数在0.3以上，Cronbach's α系数大于0.8，属于较高信度水平，表明量表的内在一致性较好，无须删除题项。方差分析ANOVA显示，F值为3.266，p值为0.011，达到0.05的显著性水平，反映出量表的信度较好。

表5-12　产品创新绩效维度的信度检验

题项代码	题项—总体相关系数	复相关系数平方	删除此题后α值	Cronbach's α
PDIP1	0.697	0.535	0.792	0.839
PDIP2	0.608	0.449	0.818	
PDIP3	0.677	0.467	0.797	
PDIP4	0.697	0.513	0.792	
PDIP5	0.545	0.345	0.833	

2）过程创新绩效维度信度分析

如表5-13所示，技术创新绩效的“过程创新绩效”维度中的四个题项CITC系数在0.3以上，Cronbach's α系数接近0.8，属于较高信度水平，表明量表的内在一致性较好，无须删除题项。方差分析ANOVA显示，F值为25.488，p值为0.000，达到0.001的显著性水平，反映出量表的信度较好。

表 5-13　过程创新绩效维度的信度检验

题项代码	题项—总体相关系数	复相关系数平方	删除此题后α值	Cronbach's α
PCIP1	0.544	0.308	0.743	0.777
PCIP2	0.624	0.418	0.701	
PCIP3	0.627	0.417	0.701	
PCIP4	0.533	0.298	0.749	

5.3.3　小样本数据探索性因子分析

在上一节小样本通过了信度分析并已确认所有 34 个测量题项进行了净化后，就可进行 KMO 样本充分性测度和 Barlett's 球体检验，以判断是否可以进行探索性因子分析，表 5-14 为小样本各维度检验的情况，其中客户参与是指全阶段(Total)的维度检验，从表中可以看出，所有维度 KMO 值都大于 0.7，多数接近 0.8，且 Barlett's 球体检验显示 p 值均为 0.000，达到 0.001 显著性水平，根据 5.3.1 节的测试规则，这 34 个测量题项均很适合进行探索性因子分析。

表 5-14　KMO 样本充分性测度和 Barlett's 球体检验

性质	因素	KMO 测度	Barlett's 球体检验		
		KMO 值	近似卡方值	自由度	显著性
解释变量（客户参与）	工作认知	0.726	586.835	3	0.000
	信息提供	0.791	655.794	6	0.000
	共同开发	0.711	537.311	3	0.000
	人际互动	0.707	562.902	3	0.000
调节变量（吸收能力）	知识获取能力	0.814	126.656	3	0.000
	知识消化转化能力	0.854	1081.662	15	0.000
	知识利用能力	0.781	278.422	3	0.000
被解释变量（技术创新绩效）	产品创新绩效	0.820	936.028	10	0.000
	过程创新绩效	0.757	509.891	6	0.000

1. 客户参与探索性因子分析

将客户参与的所有 13 个测量题项都列在全阶段(Total)下进行 KMO 和 Barlett's 球体检验，如表 5-15 所示，KMO 值达 0.919，且 Barlett's 球体检验显示 p

值均为0.000,达到0.001显著性水平,说明这13个题项非常适合进行探索性因子分析。

表5-15 KMO样本充分性测度和Barlett's球体检验(客户参与)

KMO测度	Barlett's球体检验		
KMO值	近似卡方值	自由度	显著性
0.919	3239.260	78	0.000

探索性因子分析采用主成分分析法(principal component analysis)提取主因子,并以方差最大化旋转法(varimax)后萃取因子,对特征值(eigenvalue)大于1的因子进行萃取。如表5-16所示,特征根大于1的因子有4个,即将从客户参与提取4个主因子,与本研究客户参与假设的4个维度相符,它们一起解释了变量方差变异的73.124%。

表5-16 因子特征根和累计方差贡献率(客户参与)

因素	未旋转的初始因子			提取的负载平方和			旋转的负载平方和		
	特征值	解释变异量	累计解释变异量	特征值	解释变异量	累计解释变异量	特征值	解释变异量	累计解释变异量
1	6.477	49.823	49.823	6.477	49.823	49.823	4.263	32.793	32.793
2	2.196	9.197	59.021	2.196	9.197	59.021	3.410	17.061	49.854
3	1.099	7.682	66.703	1.099	7.682	66.703	2.290	11.914	61.768
4	1.035	6.421	73.124	1.035	6.421	73.124	1.804	11.356	73.124
5	0.559	4.301	77.425						
6	0.488	3.756	81.181						
7	0.455	3.499	84.679						
8	0.404	3.106	87.785						
9	0.368	2.828	90.613						
10	0.352	2.711	93.324						
11	0.324	2.492	95.816						
12	0.293	2.256	98.072						
13	0.251	1.928	100.000						

表5-17列出了客户参与旋转后的因子载荷矩阵,根据5.3.1节的测试规则,TD1、TD2、TD3被归入因子3,非常明显,这3个题项反映的是客户参与新产品开发前对工作的认知,可以称为"工作认知"因子;IP1、IP2、IP3、IP4被归入因子2,这4个题项反映的是客户参与新产品开发对各类信息的提供,可以称为"信息提供"因子;CD1、CD2、CD3被归入因子1,这3个题项反映的是客户共同参与新产品开

发，可以称为“共同开发”因子；RB1、RB2、RB3 被归入因子 4，这 3 个题项反映的是在新产品开发中客户和企业员工间相互进行“人际互动”，可以称为“人际互动”因子。这些均表明客户参与的 13 个题项最大因子载荷具有集聚性。测试量表具有一定的结构效度。

表 5-17　旋转后的因子载荷矩阵（客户参与）

因子名	题项代码	因子载荷系数			
		1	2	3	4
CP1	TD1	0.220	0.276	0.792	0.180
	TD2	0.204	0.170	0.841	0.199
	TD3	0.382	0.315	0.686	0.042
CP2	IP1	0.104	0.757	0.302	0.194
	IP2	0.401	0.575	0.304	−0.001
	IP3	0.169	0.780	0.194	0.258
	IP4	0.345	0.704	0.121	0.243
CP3	CD1	0.699	0.269	0.221	0.068
	CD2	0.729	0.226	0.264	0.153
	CD3	0.849	0.166	0.193	0.302
CP4	RB1	0.302	0.166	0.193	0.849
	RB3	0.196	0.230	0.179	0.851
	RB3	0.318	0.250	0.152	0.796

2. 吸收能力探索性因子分析

将吸收能力的所有 12 个测量题项一起进行 KMO 和 Barlett's 球体检验，如表 5-18 所示，KMO 值达 0.903，且 Barlett's 球体检验显示 p 值均为 0.000，达到 0.001 显著性水平，说明这 12 个题项非常适合进行探索性因子分析。

表 5-18　KMO 样本充分性测度和 Barlett's 球体检验（吸收能力）

KMO 测度	Barlett's 球体检验		
KMO 值	近似卡方值	自由度	显著性
0.903	1940.338	66	0.000

如表 5-19 所示，特征根大于 1 的因子有 3 个，即将从吸收能力提取 3 个主因子，与本研究吸收能力假设的 3 个维度相符，它们一起解释了变量方差变异的 71.594%。

表 5-19 因子特征根和累计方差贡献率(吸收能力)

因素	未旋转的初始因子			提取的负载平方和			旋转的负载平方和		
	特征值	解释变异量	累计解释变异量	特征值	解释变异量	累计解释变异量	特征值	解释变异量	累计解释变异量
1	4.976	41.471	41.471	4.976	41.471	41.471	4.391	36.592	36.592
2	1.286	17.717	59.188	1.286	17.717	59.188	1.872	19.720	56.312
3	1.049	12.406	71.594	1.3049	12.406	71.594	1.590	15.282	71.594
4	0.770	5.609	77.203						
5	0.710	4.955	82.158						
6	0.673	4.415	86.573						
7	0.595	3.814	90.387						
8	0.530	2.738	93.125						
9	0.458	2.132	95.257						
10	0.449	1.957	97.214						
11	0.376	1.653	98.867						
12	0.329	1.133	100.000						

表 5-20 列出了吸收能力旋转后的因子载荷矩阵，根据 5.3.1 节的测试规则，ACC1、ACC2、ACC3 被归入因子 3，非常明显，这 3 个题项反映的是企业对外部知识获取的能力，可以称为“知识获取能力”因子；ASTC1、ASTC2、ASTC3、ASTC4、ASTC5、ASTC6 被归入因子 1，这 6 个题项反映的是企业获得外部知识后，将其消化理解并转化为自有的知识能力，可以称为“知识消化转化能力”因子；EC1、EC2、EC3 被归入因子 2，这 3 个题项反映的是企业将获取和转化后的新知识利用起来再创造的能力，可以称为“知识利用能力”因子。这些均表明吸收能力的 12 个题项最大因子载荷具有集聚性。测试量表具有一定的结构效度。

表 5-20 旋转后的因子载荷矩阵(吸收能力)

因子名	题项代码	因子载荷系数		
		1	2	3
ACAP1	ACC1	0.378	0.052	0.628
	ACC2	−0.009	0.048	0.716
	ACC3	0.117	0.116	0.841
ACAP2	ASTC1	0.633	0.177	0.289
	0ASTC2	0.680	0.253	0.162
	ASTC3	0.602	0.303	0.240
	ASTC4	0.777	0.223	0.115
	ASTC5	0.719	0.209	0.008
	ASTC6	0.709	0.235	0.117

续表

因子名	题项代码	因子载荷系数		
		1	2	3
ACAP3	EC1	0.244	0.703	0.289
	EC2	0.232	0.798	−0.050
	EC3	0.403	0.635	0.127

3. 技术创新绩效探索性因子分析

将技术创新绩效的所有 9 个测量题项一起进行 KMO 和 barlett's 球体检验，如表 5-21 所示，KMO 值达 0.851，且 barlett's 球体检验显示 p 值均为 0.000，达到 0.001 显著性水平，说明这 9 个题项很适合进行探索性因子分析。

表 5-21　KMO 样本充分性测度和 Barlett's 球体检验(技术创新绩效)

KMO 测度	Barlett's 球体检验		
KMO 值	近似卡方值	自由度	显著性
0.851	1597.276	36	0.000

如表 5-22 所示，特征根大于 1 的因子有 2 个，即将从技术创新绩效提取 2 个主因子，与本研究技术创新绩效假设的 2 个维度相符，它们一起解释了变量方差变异的 74.509%。

表 5-22　因子特征根和累计方差贡献率(技术创新绩效)

因素	未旋转的初始因子			提取的负载平方和			旋转的负载平方和		
	特征值	解释变异量	累计解释变异量	特征值	解释变异量	累计解释变异量	特征值	解释变异量	累计解释变异量
1	4.041	44.898	44.898	4.041	44.898	44.898	3.013	33.475	33.475
2	1.480	29.611	74.509	1.480	29.611	74.509	2.508	41.034	74.509
3	0.734	8.155	82.664						
4	0.631	5.305	87.969						
5	0.567	4.492	92.461						
6	0.467	3.358	95.819						
7	0.404	2.146	97.965						
8	0.373	1.053	99.018						
9	0.302	0.982	100.000						

表 5-23 列出了技术创新绩效旋转后的因子载荷矩阵，根据 5.3.1 节的测试规

则，PDIP1、PDIP2、PDIP3、PDIP4、PDIP5 被归入因子 1，非常明显，这 5 个题项反映的是企业产品开发方面的绩效，可以称为“产品创新绩效”因子；PCIP1、PCIP2、PCIP3、PCIP4 被归入因子 2，这 4 个题项反映企业在工艺过程方面进行新的或改进的工艺，可以称为“过程创新绩效”因子，这些均表明技术创新绩效的 9 个题项最大因子载荷具有集聚性。测试量表具有一定的结构效度。

表 5-23 旋转后的因子载荷矩阵(技术创新绩效)

因子名	题项代码	因子载荷系数	
		1	2
TIP1	PDIP1	0.850	0.058
	PDIP2	0.757	0.144
	PDIP3	0.786	0.178
	PDIP4	0.768	0.285
	PDIP5	0.609	0.336
TIP2	PCIP1	0.085	0.757
	PCIP2	0.190	0.787
	PCIP3	0.232	0.760
	PCIP4	0.205	0.699

5.4 本章小结

本章对问卷设计的过程、企业技术创新绩效、客户参与、企业的吸收能力变量测量的过程、预调查进行了详细讨论，通过小样本数据信度和探索性因子分析，本研究的量表测量题项均通过检验，共有 34 个题项，其中客户参与 13 个题项(每个题项需要回答 3 个阶段，共需要回答 39 个问题)、吸收能力 12 个题项，技术创新绩效 9 个题项。上述量表项目(34 个题项，60 个问题)，填写基本信息(4 个题项)，企业基本情况(9 个题项)，共计 47 个题项，73 个问题确定后再次反馈给企业专家、学术专家征集意见，在此基础上形成了问卷最终稿(见附录 4)，从而可用于大样本调查实测。

第6章 客户参与对企业技术创新绩效的影响实证研究

在预调查结束后，量表的内容经过信度和效度检测并再次经专家审定，得以最终确定，就可进行大规模的数据收集，并着手实证研究和分析。本章将对实证研究的过程做详细阐述，具体内容包括数据如何收集以及用何方法分析，收回的数据在描述性统计上有何特征，用验证性因子分析来检验估计模型和大样本数据是否很好地拟合，用皮尔逊相关系数来分析各变量间的相关性，用多元回归方法来验证理论假设。

6.1 数据收集

6.1.1 样本对象选择

本研究基于企业层面进行，以制造业、信息技术产业为主，兼顾其他有客户参与到企业新产品开发的行业，通过对企业的调查，了解企业自身创新能力情况及其参与企业的客户交互情况。问卷中具体要求对企业的吸收能力、产品创新绩效、过程创新绩效、企业研发情况、客户参与新产品开发等情况进行回答，因此要求被试者能较全面和准确掌握企业研发情况、技术创新情况、新产品有关情况，问卷在选择被试者样本时规定了应是企业研发部(或技术部)、市场部、产品部、生产制造部、销售部的部门负责人,企业高层或与新产品开发的有关部门负责人。

6.1.2 样本容量确定

本研究采用结构方程模型(structural equation modeling,SEM)中的验证性因子分析来检验估计模型和大样本数据是否很好地拟合。与其他统计技术一样,结构方程模型适用于大样本的分析,取样样本数越多,则统计分析的稳定性与各种指标的实用性也越佳,但在适配度检验中,绝对适配度指数 χ^2 值受样本影响很大,当样本数增大,χ^2 容易达到显著水平($p<0.05$),模型被拒绝的机会也扩增(吴明隆,2009)。Gorsuch(1983)的观点被国内外学术界广泛采用,他指出测量题项与被试样本的比例应为 1∶5 以上,最好达到 1∶10。Bentler & Chou(1987)研究指出,研究的变量如符合正态或椭圆分布,每个观察变量有 5 个样本就足够了,如果是其他分布,则每个观察变量最好有 10 个样本以上。Schumacker & Lomax(1996)经过研究发现,大部分的结构方程模型研究,其样本数多数介于 200～500 之间。综合上述观点,本研究用于结构方程模型的测量题项为 34 道,回收的有效样本数为 475 个,测量题项与被试样本的比例达到近 1∶14,符合国内外学者关于结构方程模型样本容量的要求。

6.1.3 样本数据收集

为确保问卷的有效性和回收率,本研究的数据主要来源于笔者具有较好社会关系的地域,即长三角地区(上海、江苏、浙江)以及山东、广东、广西共 6 个省、市、自治区。本研究严格按照 6.1.1 节的要求确定被试人员,问卷发放主要途径为以下三种。

(1) 笔者直接走访调研,发放和收集纸质版问卷,如不符合 6.1.1 节的要求确定被试人员则退回问卷。

(2) 笔者委托政府科技管理机构进行发放,包括由地方科技局局长、高新区或科技园负责人发放电子版问卷、填写说明,由被委托的单位负责检查回收,发回给作者,笔者再一一打印出来存档,笔者要求这些地方科技局局长、高新区或科技园负责人从当地已经成为高新技术企业或正在培育高新技术企业名录中随机抽样确定企业名单后，再联系这些企业符合 6.1.1 节要求的人员进行填写。

(3) 笔者委托朋友发放并回收，交回给笔者，如不符合 6.1.1 节的要求确定被试人员则退回问卷。

本研究大规模正式调查从 2013 年 10 月 20 日到 2013 年 12 月 22 日，历时两个多月，通过上述三种途径，共发放问卷 581 份(其中纸质版 271 份，电子版本问卷 310 份)，回收问卷 524 份(其中纸质版 262 份，电子版本问卷 262 份)，回收率达到 90.2%。对于回收问卷，笔者一一进行查看，对于只要漏答一个题、随意作答同一个答案或者交替填写答案的视为无效问卷，数量为 49 份，予以剔除，最终回收的有效问卷 475 份(其中纸质版 235 份，电子版本问卷 240 份)，有效率达到 81.8%。问卷发放与回收的情况如表 6-1 所示。

从回收的 475 份有效问卷分布来看，长三角地区占 80.6%(共 383 份，其中上海 186 份，江苏 104 份，浙江 93 份)、山东省占 9.7%(46 份)、广东省占 4%(19 份)、广西占 5.7%(27 份)，可见有效问卷数以长三角地区为主；从问卷作答的方式来看，在这 475 份有效问卷中，纸质版本填写与电子版本填写各占近 50%左右。

本次大规模正式调查问卷回收率、有效率均超过 80%，属于较高比例，原因有以下几点：一是笔者直接走访投放的问卷，在投放同时详细解释、答疑；二是委托其他人发放的问卷，附有详细填写说明，填写说明上有笔者手机，被试者有疑问处可随时与笔者通话，被委托人也均以高度负责的态度组织企业严格按照 6.1.1 节的要求确定被试人员填写，笔者也经常电话叮嘱被委托人单位负责人注意解释清楚填写说明，在回收电子版问卷中，对于漏答一个题的问卷均退回重新填写。

表 6-1　问卷发放与回收的情况统计

问卷发放与回收方式	投放数/份	回收数/份	有效数/份	回收率/%	有效率/%
笔者直接走访	210	205	189	97.6	90
委托政府机构	310	262	240	84.5	77.4
委托朋友个人	61	57	46	93.4	75.5
合计	581	524	475	90.2	81.8

注：1. 回收率＝问卷回收数/问卷投放数；
2. 有效率＝问卷有效数/问卷投放数。

6.1.4　分析方法

本研究对于回收的有效问卷，将进行描述性统计分析、验证性因子分析、相关分析、多元回归分析，研究使用的软件为 SPSS 19.0、STATA10.0、AMOS 7.0，其中 SPSS 19.0 用于样本数据描述性统计分析，AMOS 7.0 用于样本数据结构方程模型建模和验证性因子分析，STATA10.0 用于样本数据相关分析、多元回归分析。

6.2 样本数据描述性统计分析

6.2.1 样本特征描述

表 6-2 为被试者样本的个人基本信息，可以归纳为如下特征。

(1) 高中层领导比例接近一半，被试者中均是部门负责人，但有些把自己归为基层或管理者，还有些被试者是研发或技术部门负责人，认为自己从事技术性工作，因此职位填写为其他类。

(2) 研发、产品、生产制造、市场、销售直接与产品相关的部门占 75.6%，因此对于本研究涉及的新产品开发中的客户参与对技术创新绩效的影响能提供较有利的实证。

(3) 5 年以上工作年限的 67.2%，并且大学本科以上学历占 87.2%，说明填写问卷的被试者工作经验丰富，学历较高，问卷数据较为有效力。

表 6-2 样本个人基本信息分布

指 标	类 别	样本数/个	百分比/%	累计百分比/%
职位	高层管理者	63	13.3	13.3
	中层管理者	148	31.2	44.4
	基层管理者	158	33.3	77.7
	其他	106	22.3	100.0
部门	产品部	46	9.7	9.7
	研发部	164	34.5	44.2
	市场部	36	7.6	51.8
	生产制造部	73	15.4	67.2
	销售部	40	8.4	75.6
	其他部门	116	24.4	100.0

续表

指　标	类　别	样本数/个	百分比/%	累计百分比/%
年限	3年以下	38	8.0	8.0
	3～5年	118	24.8	32.8
	5～10年	196	41.3	74.1
	10年以上	123	25.9	100.0
最高学历	专科及以下	61	12.8	12.8
	大学本科	348	73.3	86.1
	硕士及以上	66	13.9	100.0

表6-3为样本企业基本特征分布，可以归纳为如下特征。

(1) 企业所在地区长三角地区占80.6%。

(2) 企业行业方面制造业、信息技术产业占73.3%，说明样本企业以制造业和信息产业技术行业为主，其中制造业行业中以机械制造、交通运输设备制造业行业为主。

(3) 样本企业中成立5年以上的企业占86.1%、成立10年以上的企业占71.3%、近半数的样本企业成立时间超过15年，说明样本企业成立时间较长。

(4) 样本企业性质非国有占总企业数的80.4%(其中民营占总企业数45.5%，合资或外资占总企业数33.9%)，说明样本企业以非国有为主，而其中民营与合资外资各占近一半。

(5) 员工人数300人以上的企业占60.4%，年销售额2000万元以上占77.3%，资产总额5000万元以上占68.4%，说明样本企业以中型及以上企业为主。

(6) 研发(R&D)支出占总销售额比例1%以上的样本企业占92.4%，1.5%以上的样本企业占83.8%，2.5%以上的样本企业占69.5%，5%以上的样本企业占42.5%，2012浦江创新论坛指出“我国大中型企业当中，具有研发活动的企业数量不超过30%，而且企业的平均研发支出强度比较低，大中型企业研发支出占销售收入的比例是0.93%(世界主要发达国家这一比例为2.5%～4%)”，从这组数据可以看出样本企业几乎全部超过了中国大中型企业研发支出占销售收入的比例平均值，而国际上认可的研发(R&D)支出占总销售额比例5%以上的企业才有竞争力，样本企业中有42.5%达到了这一标准。

表 6-3　样本企业基本特征分布

指　标	类　别	样本数/个	百分比/%	累计百分比/%
地区	上海	186	39.2	39.2
	浙江	93	19.5	58.7
	江苏	104	21.9	80.6
	其他	92	19.6	100.0
行业	食品饮料烟草制造业	6	1.3	1.3
	纺织服装皮毛业	6	1.3	2.5
	木材家具业	6	1.3	3.8
	造纸印刷文体用品业	4	0.8	4.6
	石油加工炼焦业	2	0.4	5.1
	化学原料及化学制品(含日用化学品)制造业	29	6.1	11.2
	塑料橡胶制造业	7	1.5	12.6
	生物医药制造业	24	5.1	17.7
	金属、非金属业	18	3.8	21.5
	机械仪器仪表制造业	65	13.7	35.2
	交通运输(如铁路、汽车、电车、摩托车等)设备制造业	93	19.6	54.7
	电力、燃气及水业	40	8.4	63.2
	建筑业	4	0.8	64
	通信、计算机、电子元器件、软件、电信、互联网等电子信息技术业	88	18.5	82.5
	其他	83	17.5	100.0
成立年限	3年以下	18	3.8	8.0
	3～5年	48	10.1	13.9
	5～10年	75	15.8	29.7
	10～15年	102	21.5	51.2
	15年及以上	232	48.8	100.0
性质	国有(含集体)	93	19.6	19.6
	民营	216	45.5	65.1
	中外合作(资)	70	14.7	79.8
	外商独资	91	19.2	98.9
	其他	5	1.1	100.0
员工人数	20人以下	28	5.9	5.9
	20～300人	160	33.7	39.6
	300～1 000人	123	25.9	65.5
	1 000人及以上	164	34.5	100.0

续表

指　标	类　别	样本数/个	百分比/%	累计百分比/%
年销售额	300万元以下	23	4.8	4.8
	300万～2 000万元	85	17.9	22.7
	2 000万～4亿元	184	38.7	61.5
	4亿元及以上	183	38.5	100.0
资产总额	300万元以下	37	7.8	7.8
	300万～5 000万元	113	23.8	31.6
	5 000万～8亿元	163	34.3	65.9
	8亿元及以上	162	34.1	100.0
R&D占销售额比	1%以下	36	7.6	7.6
	1%～1.5%	41	8.6	16.2
	1.5%～2.5%	68	14.3	30.5
	2.5%～5%	128	26.9	57.5
	5%～10%	110	23.2	80.6
	10%及以上	92	19.4	100.0

(7)如表6-4所示，参与样本企业新产品研发的主要客户来源有80.9%是单纯的企业客户，有3.5%是单纯的个体顾客，有15.6%是既有企业客户又有个体顾客，说明参与475个样本企业新产品研发的主要客户来源主要以企业客户为主。后续的实证研究中客户参与作为控制变量对于企业技术创新绩效的影响结果，也是指企业客户相对于个体顾客而言带来的影响。

表6-4　参与企业新产品研发的主要客户来源

指　标	类　别	样本数/个	百分比/%	累计百分比/%
主要客户来源	企业客户	384	80.9	80.9
	个体顾客	17	3.5	84.4
	企业客户、个体顾客	74	15.6	100.0

6.2.2　样本数据描述

本研究应用结构方程模型建模和验证性因子分析时参数估计将应用极大似然估计法估计(maximum likelihood estimation)，要求模型数据符合正态分布，因此在进行建模分析前要进行数据的正态分布检验。正态分布检验主要考察两个指标：偏度(skewness)、峰度(kurtosis)。Kline(1998)提出偏度系数绝对值大于3，峰度系数绝对值大于8时，需要研究者注意，如果峰度系数绝对值大于20时，即需要密切注意。一般说来，如果偏度系数绝对值小于3，峰度系数绝对值小于10时，表明样本基本服从正态分布，从附录5大样本数据描述性统计量和正态分布性表可以看出，偏度和峰度的绝对值均小于1，本研究收集的大样本数据的值基本服从正态分布，可以进行结构方程模型建模和验证性因子分析。

6.3 验证性因子分析

第5章探讨了在小样本测试时采用探索性因子分析方法对问卷进行信度分析、结构效度检验。黄芳铭(2005)指出，探索性因子分析进行的评价倾向于统计而非逻辑，只有采用验证性因子分析才能反映测量题项与变量之间的系统性假设关系，既具有逻辑性，又具有统计性，因而当研究问卷结构和研究问题逐渐清晰后，应使用验证性因子分析来验证已有理论模型和大样本数据的拟合程度。如果拟合程度较好，表明问卷的结构效度得到支持；如果拟合程度较差，可考虑改变一些限制条件做出修正来提高拟合程度。

6.3.1 结构方程模型的拟合指标

结构方程模型应用了多元回归分析、路径分析、验证性因子分析等方法，避免了回归分析的缺点，可以同时分析一个自变量(或多个自变量)与一个因变量(或多个因变量)之间的关系，也可以同时分析多个因变量的关系，允许自变量和因变量含测量误差，同时准确估计出测量误差并可删除随机测量误差，大大提高了研究的准确性。具体操作分为五个步骤：模型建构(model specification)、模型识别(model identification)、模型拟合(model fitting)、模型评价(model assessment)、模型修正(model modification)(侯杰泰，温忠麟等，2004)。

结构方程模型的通用拟合指标如表6-5所示。

(1) χ^2/df 指数。评价假设的模型和观察数据的拟合度，$2<\chi^2/df<5$，模型可以接受，$\chi^2/df<3$ 模型更好。

(2) RMSEA。即近似误差均方根，受样本容量影响小，是广泛使用的一个拟合指标。大于 0.1，说明假设模型不能接受；小于 0.1，说明好的拟合；小于 0.05，说明非常好的拟合；小于 0.01，说明非常出色的拟合。

(3) NFI。即规范拟合指数，表示假设模型与测量独立模型间 χ^2 值的减少比率，其值在 0 和 1 之间，一般要求大于 0.9，越接近 1，说明模型拟合越好。

(4) TLI。即 Tucker-Lewis 系数，也叫 Bentler-Bonett 非规范拟合指数(NNFI)，是近年来研究中较为推荐的一个拟合指标，其值不一定在 0 和 1 之间，一般要求大于 0.9，越接近 1，说明模型拟合越好。

(5) CFI。即比较拟合指数，是通过与测量独立模型相比来评价拟合程度，不受样本容量影响，是较好的一种拟合指标，其值在 0 和 1 之间，一般要求大于 0.9，越接近 1，说明模型拟合越好。

(6) GFI。即拟合优度指数，表示假设模型能够解释的方差和观察数据的协方差比例，一般要求大于 0.9，越接近 1，说明模型拟合越好。

表 6-5　结构方程模型的拟合指标

指　标	指标取值范围	评价标准
χ^2/df	大于 0	2～5，小于 3 更好
RMSEA	大于 0	小于 0.1，小于 0.05 更好
NFI	0～1	大于 0.9，越接近 1 越好
TLI	不定，可以超出 0～1 范围	大于 0.9，越接近 1 越好
CFI	0～1	大于 0.9，越接近 1 越好
GFI	0～1，理论上可以产生没有意义的负数	大于 0.9，越接近 1 越好

资料来源：黄芳铭(2005)。

6.3.2 效度的测量指标

验证性因子分析主要验证两类效度，即聚合效度(convergent validity)和结构效度(construct validity)，以下分别详细介绍。

聚合效度是指运用不同测量方法测定同一特征时测量结果的相似程度，即不同测量方式应在相同特征的测定中聚合在一起(王重鸣，2000)，可通过平均变异萃取量(average variance extracted，AVE 或者 ρ_v)是否达到 0.50 以上来判断(Fornell & Larcker，1981)，AVE 或者 ρ_v 反映了潜变量的各观察变量对该潜变量的平均差异解释力，即潜变量的各观察变量与测量误差相比在多大程度上捕捉了该潜变量的变化。学术界目前通常的做法是通过验证性因子分析法测量各个潜变量与观察变量的标准化路径系数和误差项的变异,通过探索每个潜变量与测量构念共享变异的大小来判断度量测量工具聚合效度的目的。ρ_v 指标是指在验证性因子分析中,各因素的各测量题项的因子载荷平方和,除以各误差项方差加上上述载荷系数平方和,反映潜变量在变量变异量中占总变异的百分比,当 ρ_v 大于 0.50 表示潜变量的聚敛能力十分理想(Fornell & Larcker,1981)。从数学过程来看,验证性因子分析中每个因素就是执行一次单因素的探索性因素分析的结果,ρ_v 即为单一因素的特征值(邱浩政,林碧芬,2009)。

结构效度是指应用不同方法测量不同构念时,所观测到的数值之间应该能够加以区分,即不同的构念之间须能够有效分离。在具体的验证性因子分析操作技术上,可以检验潜变量的区辨力,如果两个潜变量的相关系数较高,则表示构念缺乏区辨力。在实践中可以比较潜变量的 ρ_v 的平方根(反映潜变量与测量构念的相关系数)是否大于两个潜变量之间的相关系数(Fornell,等,1982;Delmas & Toffel,2008),如大于则说明各个潜变量与自身测量项目分享方差,大于与其他测量项目分享的方差。也有一些研究中用探索性因子分析,考察各个题项在相应的主因子是否有足够的载荷系数,而在其他主因子上的系数则较小,从而分析数据反映的因子结构是否与理论相对应,进而判断测量的结构效度,这一部分使用探索性因子分析的结构效度已经在第 5 章中进行了讨论。

6.3.3 各变量的验证性因子分析

1. 客户参与验证性因子分析

客户参与由 4 个潜变量组成,分别是工作认知、信息提供、共同开发、人际互动。其中工作认知有 3 个测量题项、信息提供有 4 个测量题项、共同开发有 3 个测量题项、人际互动有 3 个测量题项。

首先,按 5.3.1 节介绍的 CITC 法和 Cronbach's α 系数法再次检验大样本下客户参与的 4 个潜变量的各个阶段的信度,结果满足信度指标要求,均通过信度检验,且把上述共 13 个测量题项一起做信度分析,得出全阶段(Total)下客户参与的整体信度为 0.916,说明大样本问卷数据具有较高的稳定性与一致性。

其次,结构方程模型中客户参与验证性因子分析模型如图 6-1 所示,使用

AMOS 7.0并导入大样本数据，得出客户参与变量测量模型拟合结果如表 6-6 所示。

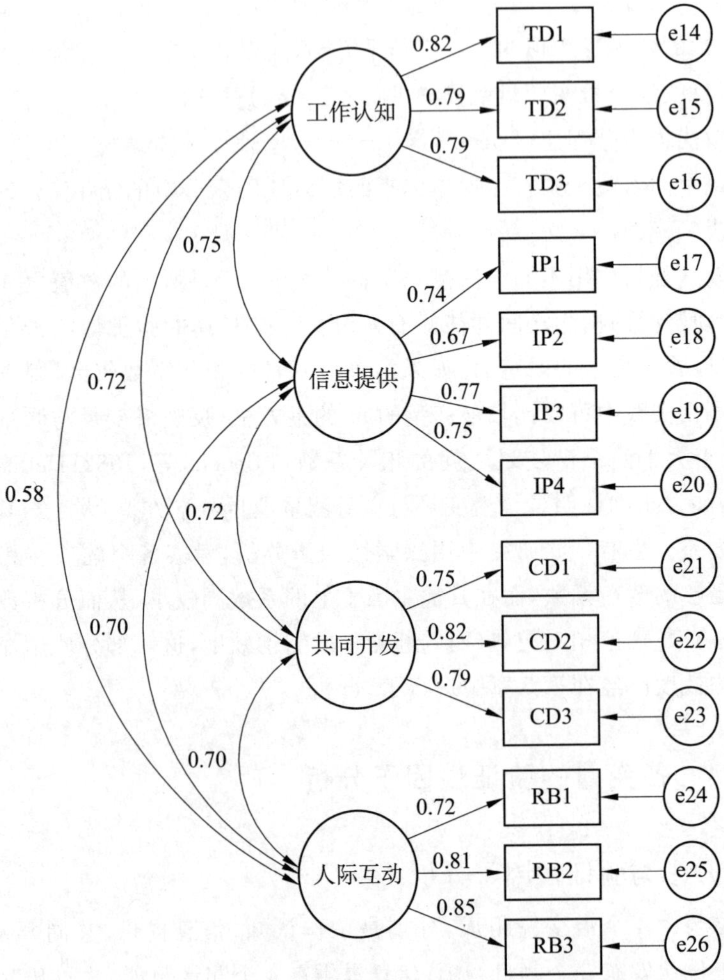

图 6-1　客户参与验证性因子分析模型

表 6-6 所示的结构方程模型拟合指标表明，χ^2 值为 166.5，自由度 df 值为 59，χ^2/df 值为 2.822 小于 3，表明模型拟合较好，其他指标方面 RMSEA 值为 0.062 小于 0.1，NFI、TLI、CFI、GFI 值均大于 0.9，接近 1，满足拟合指标要求；且客户参与的 4 个潜变量各路径系数均达到 0.001 的显著性水平，表明模型拟合效果较好，即理论模型与测量模型基本一致。

表 6-6 客户参与变量测量模型拟合结果

路　径	标准路径系数	非标准路径系数	标准误(S. E.)	T值(C. R.)	显著性水平(p值)
TD1<---工作认知	0.819	1.000			
TD2<---工作认知	0.792	0.901	0.050	18.116	***
TD3<---工作认知	0.794	0.993	0.055	18.181	***
IP1<---信息提供	0.737	1.000			
IP2<---信息提供	0.665	1.003	0.074	13.613	***
IP3<---信息提供	0.773	1.151	0.073	15.766	***
IP4<---信息提供	0.754	1.076	0.070	15.412	***
CD1<---共同开发	0.752	1.000			
CD2<---共同开发	0.819	1.081	0.064	16.910	***
CD3<---共同开发	0.785	1.037	0.064	16.305	***
RB1<---人际互动	0.719	1.000			
RB2<---人际互动	0.805	1.047	0.066	15.935	***
RB3<---人际互动	0.853	1.071	0.065	16.524	***
χ^2	166.5	RMSEA	0.062	CFI	0.966
df	59	NFI	0.949	GFI	0.947
χ^2/df	2.822	TLI	0.956		

注：*** 表示显著性水平 $p<0.001$。

通过表 6-7 可以看出客户参与测量模型的 AVE 和潜变量的相关性，AVE 均在 0.5 以上，表示客户参与的 4 个潜变量的测量各自具有良好的聚合效度。对角线元素为 AVE 的平方根，均大于非对角线上的潜变量之间的相关性，说明潜变量之间具有区辨力，表明客户参与的 4 个潜变量具有较好的结构效度，这与第 5 章探索性因子的分析结果一致。

以上的分析结果表明，图 6-1 所示的因子结构通过了验证，即本研究对客户参与的工作认知、信息提供、共同开发、人际互动 4 个变量的划分与测度是有效的。

表 6-7 客户参与变量测量效度分析结果

潜变量	克朗巴赫α系数(Cronbach's α)	平均变异萃取量(AVE)	潜变量的相关性，对角线元素为 AVE 的平方根			
			工作认知	信息提供	共同开发	人际互动
工作认知	0.863	0.762	0.873			
信息提供	0.845	0.650	0.753	0.806		
共同开发	0.837	0.744	0.716	0.719	0.863	
人际互动	0.852	0.749	0.575	0.701	0.696	0.865

2. 吸收能力验证性因子分析

吸收能力由 3 个潜变量组成，分别是知识获取能力、知识消化转化能力、知识利用能力。其中知识获取能力有 3 个测量题项，知识消化转化能力有 6 个测量题项，知识利用能力有 3 个测量题项。

首先，按 5.3.1 节介绍的 CITC 法和 Cronbach's α 系数法再次检验大样本下吸收能力的 3 个潜变量的信度，结果满足信度指标要求，均通过信度检验，且把上述共 12 个测量题项一起做信度分析，得出吸收能力的整体信度为 0.853，说明大样本问卷数据具有较高的稳定性与一致性。

其次，结构方程模型中客户参与验证性因子分析模型如图 6-2 所示，使用 AMOS 7.0并导入大样本数据，得出吸收能力变量测量模型拟合结果如表 6-8 所示。

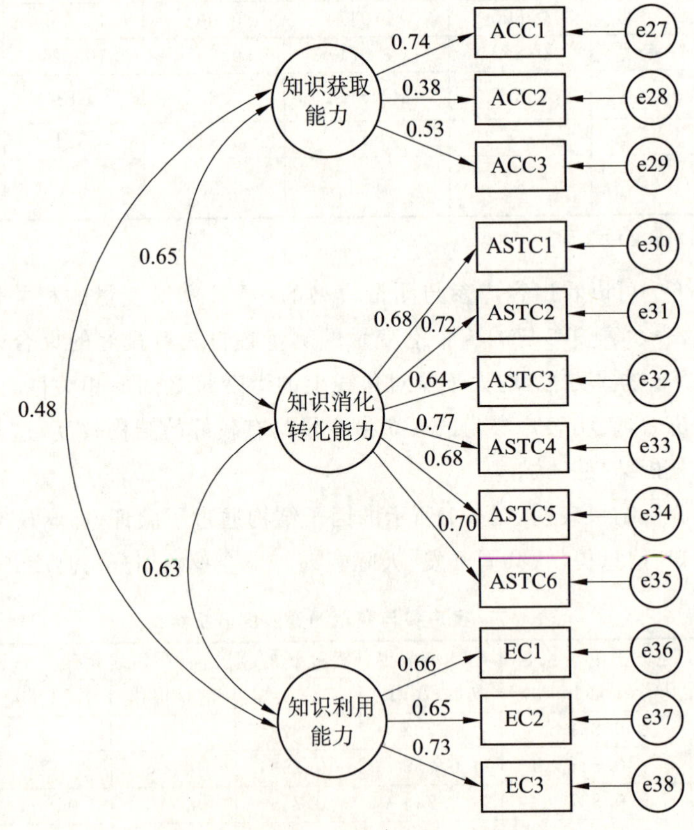

图 6-2 吸收能力验证性因子分析模型

表 6-8 所示的结构方程模型拟合指标表明，χ^2 值为 148.1，自由度 df 值为 51，χ^2/df 值为 2.904 小于 3，表明模型拟合较好，其他指标方面 RMSEA 值为 0.063 小于 0.1，NFI、TLI、CFI、GFI 值均大于 0.9，满足拟合指标要求；且吸收能力的 3 个潜变量各路径系数均达到 0.001 的显著性水平，表明模型拟合效果较好，即理论模型与测量模型基本一致。

表 6-8　吸收能力变量测量模型拟合结果

路径	标准路径系数	非标准路径系数	标准误（S. E.）	T 值（C. R.）	显著性水平（p 值）
ACC1<---知识获取能力	0.744	1.000			
ACC2<---知识获取能力	0.384	0.571	0.090	6.339	***
ACC3<---知识获取能力	0.529	0.729	0.092	7.887	***
ASTC1<---知识消化转化能力	0.683	1.000			
ASTC2<---知识消化转化能力	0.720	1.013	0.073	13.895	***
ASTC3<---知识消化转化能力	0.637	0.955	0.077	12.461	***
ASTC4<---知识消化转化能力	0.772	1.096	0.074	14.762	***
ASTC5<---知识消化转化能力	0.683	0.958	0.072	13.261	***
ASTC6<---知识消化转化能力	0.698	0.951	0.070	13.529	***
EC1<---知识利用能力	0.663	1.000			
EC2<---知识利用能力	0.652	0.908	0.080	11.389	***
EC3<---知识利用能力	0.725	1.076	0.088	12.248	***
χ^2	148.1	RMSEA	0.063	CFI	0.949
df	51	NFI	0.924	GFI	0.950
χ^2/df	2.904	TLI	0.934		

注：*** 表示显著性水平 $p<0.001$。

通过表 6-9 可以看出吸收能力测量模型的 AVE 和潜变量的相关性。AVE 均在 0.5 以上，表示客户参与的 3 个潜变量的测量各自具有良好的聚合效度。对角线元素为 AVE 的平方根，均大于非对角线上的潜变量之间的相关性，说明潜变量之间具有区辨力，表明吸收能力的 3 个潜变量具有较好的结构效度，这与第 5 章探索性因子的分析结果一致。

表 6-9　吸收能力变量测量效度分析结果

潜变量	克朗巴赫 α 系数 (Cronbach's α)	平均变异萃取量 (AVE)	潜变量的相关性，对角线元素为 AVE 的平方根		
			知识获取能力	知识消化转化能力	知识利用能力
知识获取能力	0.782	0.539	0.734		
知识消化转化能力	0.850	0.573	0.651	0.757	
知识利用能力	0.797	0.642	0.484	0.631	0.801

以上的分析结果表明，图 6-2 所示的因子结构通过了验证，即本研究对吸收能力的知识获取能力、知识消化转化能力、知识利用能力 3 个变量的划分与测度是有效的。

3. 技术创新绩效验证性因子分析

技术创新绩效由 2 个潜变量组成，分别是产品创新绩效、过程创新绩效。其中产品创新绩效有 5 个测量题项、过程创新绩效有 4 个测量题项。

首先，按 5.3.1 节介绍的 CITC 法和 Cronbach's α 系数法再次检验大样本下技术创新绩效的 2 个潜变量的信度，结果满足信度指标要求，均通过信度检验，且把上述共 9 个测量题项一起做信度分析，得出技术创新绩效的整体信度为 0.844，说明大样本问卷数据具有较高的稳定性与一致性。

其次，结构方程模型中技术创新绩效验证性因子分析模型如图 6-3 所示，使用 AMOS 7.0 并导入大样本数据，得出技术创新绩效变量测量模型拟合结果如表 6-10所示。

表 6-10 所示的结构方程模型拟合指标表明，χ^2 值为 127.2，自由度 df 值为 26，χ^2/df 值为 4.89 小于 5，表明模型拟合较好，其他指标方面 RMSEA 值为 0.091 小于 0.1，NFI、TLI、CFI、GFI 值均大于 0.9，满足拟合指标要求；且技术创新绩效的 2 个潜变量各路径系数均达到 0.001 的显著性水平，表明模型拟合效果较好，即理论模型与测量模型基本一致。

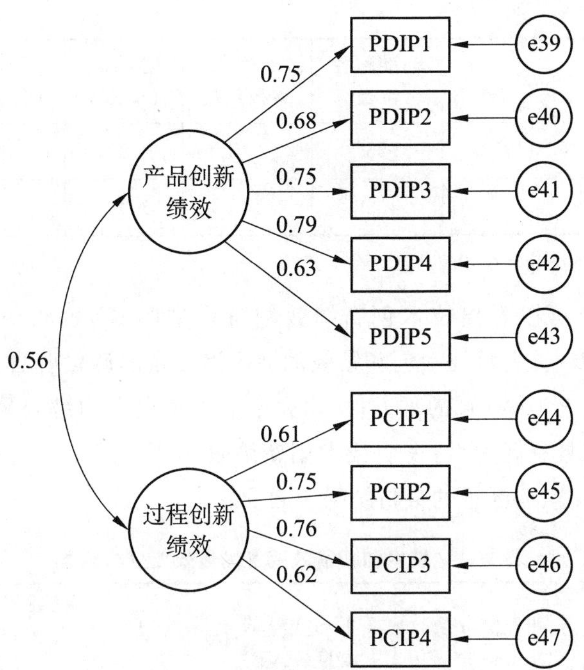

图 6-3　技术创新绩效验证性因子分析模型

表 6-10　技术创新绩效变量测量模型拟合结果

路径	标准路径系数	非标准路径系数	标准误 (S. E.)	T 值 (C. R.)	显著性水平 (p 值)
PDIP1<---产品创新绩效	0.753	1.000			
PDIP2<---产品创新绩效	0.679	1.020	0.073	13.987	***
PDIP3<---产品创新绩效	0.748	1.016	0.066	15.411	***
PDIP4<---产品创新绩效	0.789	1.024	0.063	16.189	***
PDIP5<---产品创新绩效	0.627	0.853	0.066	12.902	***
PDIP1<---过程创新绩效	0.613	1.000			
PDIP2<---过程创新绩效	0.746	1.189	0.102	11.695	***
PDIP3<---过程创新绩效	0.757	1.163	0.099	11.774	***
PDIP4<---过程创新绩效	0.622	1.016	0.097	10.454	***
χ^2	127.2	RMSEA	0.091	CFI	0.936

续表

路径	标准路径系数	非标准路径系数	标准误(S.E.)	T值(C.R.)	显著性水平(p值)
df	26	NFI	0.921	GFI	0.942
χ^2/df	4.89	TLI	0.911		

注：*** 表示显著性水平 $p<0.001$。

通过表6-11可以看出技术创新绩效测量模型的AVE和潜变量的相关性，AVE均在0.6以上，表示技术创新绩效的2个潜变量的测量各自具有良好的聚合效度。对角线元素为AVE的平方根，均大于非对角线上的潜变量之间的相关性，说明潜变量之间具有区辨力，表明技术创新绩效的2个潜变量具有较好的结构效度，这与第5章探索性因子的分析结果一致。

表6-11　技术创新绩效变量测量效度分析结果

潜变量	克朗巴赫α系数(Cronbach's α)	平均变异萃取量(AVE)	潜变量的相关性，对角线元素为AVE的平方根	
			产品创新绩效	过程创新绩效
产品创新绩效	0.841	0.613	0.783	
过程创新绩效	0.786	0.602	0.560	0.776

以上的分析结果表明，图6-3所示的因子结构通过了验证，即本研究对技术创新绩效的产品创新绩效、过程创新绩效2个变量的划分与测度是有效的。

6.4　多元回归分析

6.3节的研究结果表明，理论模型与大样本数据测量模型拟合较好，量表所有的因子结构均通过了验证，变量的划分与测度均为有效，且数据稳定一致，可以用于实证假设检验研究。为了对第4章所提出的研究理论假设与概念模型进行检验，本节将用多元回归方法来具体进行假设检验，在假设检验前，先用皮尔逊

(Pearson)相关系数来分析各变量间的相关性。

6.4.1 变量的描述性统计和相关性分析

在第5章讨论企业规模这个控制变量时提到3个指标:“企业员工人数”“企业年销售额”“企业资产总额”,这3个指标的相关系数如表6-12所示,都非常高,因此本研究采用“企业员工人数”来代理企业规模。

表6-12 企业规模3个指标的相关系数

企业规模	企业员工人数	企业年销售额	企业资产总额
企业员工人数	1.000		
企业年销售额	0.751	1.000	
企业资产总额	0.808	0.832	1.000

表6-13列出了在新产品开发全阶段(Total)下被解释变量、调节变量、控制变量(除企业所在地区、企业所属行业两个虚拟变量外)的描述性统计(包括均值、标准差)和它们两两之间的皮尔逊(Pearson)相关系数,从表中可以看出,客户参与的4个子维度与产品创新绩效、过程创新绩效之间具有正向且非常显著的相关性,吸收能力的3个维度与产品创新绩效、过程创新绩效之间也同样具有正向且非常显著的相关性,结果初步表明客户参与、吸收能力均有利于技术创新绩效的提升。另外从表6-12中还可以看出,客户参与的4个子维度——工作认知、信息提供、共同开发、人际互动间也具有正向且非常显著的相关性,说明4个维度间相互作用,对提高技术创新绩效共同起到积极的作用。

从表6-13中还可以看出各变量间的两两相关系数均未超过0.8,说明拟构建的回归模型变量间无多重共线性问题(Darnall,等2010;Kennedy 2003)。

表6-14为475个大样本数据下,客户参与的4个子维度在创意前端阶段(Ⅰ)、设计开发阶段(Ⅱ)、产品测试与商业化阶段(Ⅲ)、全阶段(Total)的平均得分值。

表 6-13　变量的描述性统计和相关性分析

变量	均值	标准差	1	2	3	4	5	6	7	8	9	10	11	12	13	14	15
1. 工作认知	3.276	0.758	1.000														
2. 信息提供	3.584	0.680	0.638	1.000													
3. 共同开发	3.331	0.785	0.602	0.607	1.000												
4. 人际互动	3.695	0.715	0.493	0.587	0.590	1.000											
5. 知识获取能力	3.339	0.799	0.269	0.250	0.271	0.310	1.000										
6. 知识消化转化能力	3.776	0.673	0.323	0.461	0.306	0.516	0.424	1.000									
7. 知识利用能力	3.728	0.696	0.295	0.396	0.310	0.463	0.296	0.655	1.000								
8. 产品创新绩效	3.396	0.746	0.346	0.374	0.340	0.368	0.350	0.462	0.495	1.000							
9. 过程创新绩效	3.432	0.669	0.352	0.391	0.340	0.414	0.333	0.490	0.424	0.463	1.000						
10. 企业成立年限	12.896	5.248	0.153	0.054	0.030	−0.041	0.106	−0.019	0.037	0.245	0.043	1.000					
11. 企业员工人数	5.779	1.697	0.135	0.001	0.036	−0.143	0.101	−0.073	−0.090	0.164	0.003	0.589	1.000				
12. 企业性质	0.196	0.397	−0.023	−0.140	−0.050	−0.097	0.025	−0.110	−0.135	−0.114	−0.176	0.056	0.196	1.000			
13. 企业研发支出比例	5.601	4.059	0.053	0.058	−0.005	0.087	0.111	0.187	0.211	0.170	0.112	−0.099	−0.026	−0.075	1.000		
14. 企业客户参与	0.964	0.186	0.074	0.080	0.029	0.117	0.058	0.110	0.033	0.112	0.180	−0.008	−0.008	0.009	0.019	1.000	
15. 个体顾客参与	0.192	0.394	0.022	0.074	0.124	0.078	0.097	0.123	0.139	0.034	0.020	−0.052	−0.058	−0.065	−0.013	−0.396	1.000

注：1. N=475；

2. 相关系数绝对值大于 0.09 在 0.05 水平上显著；

3. 相关系数绝对值大于 0.12 在 0.01 水平上显著；

4. 相关系数绝对值大于 0.15 在 0.001 水平上显著。

从表6-14中可以看出阴影部分的数据，从创意前端（Ⅰ）至产品测试与商业化（Ⅲ）阶段，随着阶段数递增，客户参与的4个子维度平均得分值均逐步提高，可以表明：在新产品开发中，在创意前端阶段客户参与程度最低；在产品设计开发阶段，客户参与程度较高；在产品测试与商业化阶段，客户参与的程度最高。这一结果比较符合中国企业现阶段的国情，即中国企业比较倾向于在后端邀请客户来参与新产品开发。从以下客户参与的各阶段平均得分来看，工作认知＜共同开发＜信息提供＜人际互动，表明在中国企业的客户在新产品开发中对参与工作的认知、与企业共同开发方面做得较少，而客户在提供信息、与企业人际互动方面做得较多。

表6-14　客户参与的4个维度分阶段的得分值

新产品开发阶段	工作认知	信息提供	共同开发	人际互动
创意前端（Ⅰ）	2.974	3.465	3.195	3.522
设计开发（Ⅱ）	3.225	3.546	3.265	3.659
产品测试与商业化（Ⅲ）	3.629	3.741	3.532	3.904
全阶段(Total)	3.276	3.584	3.331	3.695

6.4.2　多元回归模型构建

本研究的多元回归模型构建分为以下两步。

(1) 分别构建“客户参与——企业技术创新绩效”回归模型和“企业吸收能力——企业技术创新绩效”回归模型，以分别验证客户参与对企业技术创新绩效、企业吸收能力对企业技术创新绩效的主效应，其中企业技术创新绩效包括企业产品创新绩效、过程创新绩效2个子维度。

(2) 以客户参与作为解释变量，探究企业吸收能力调节客户参与和企业技术创新绩效之间的关系，其中企业吸收能力包括企业知识获取能力、企业知识消化转化能力、企业知识利用能力3个子维度，考虑到这3个子维度有一定相关性，为了避免多重共线性，将分别对这3个子维度作为调节变量对客户参与和企业技术创新绩效之间的关系进行回归模型构建。在回归实证研究企业吸收能力的调节效应时，将交互乘积项的自变量和调节变量进行中心化处理(先取变量的平均值，再将变量减去其平均值)后，再将中心化后的新变量代入进行回归，以避免可能出现的多重共线性(Aiken & West，1991)。

本研究的多元回归模型构建按照客户参与新产品开发的不同阶段分阶段进行

回归分析。

(1) 由于客户参与的每个题项分别从创意前端阶段(Ⅰ)、设计开发阶段(Ⅱ)、产品测试与商业化阶段(Ⅲ)来测量,每个维度在各阶段的得分为其各题项在相应阶段的算术平均值,这三个阶段的客户参与取值确定后,可以分别用来进行分阶段回归的研究。

(2) 全阶段是把三个阶段取算术平均值,即把三个阶段合成来看,反映客户参与各个维度上的平均的分值,全阶段的客户参与取值确定后,可以用来进行全阶段回归的研究。

本研究的大样本数据是在特定时段一次采集,收集的数据属于横截面数据,传统理论认为横截面数据不会出现样本之间的序列相关问题,更可能存在异方差问题。White(1980)证明了“采用大样本稳健(robust)标准差估计进行 OLS 回归,比普通的 OLS 标准差更有效;异方差稳健标准差通常大于 OLS 标准差;大样本情况下,异方差稳健估计量是有效的,这种方法得到的标准误是渐进有效,这种方法主要针对大样本,优点是不需要知道总体模型是否存在异方差以及是何种形式的异方差”。因此本研究利用这一结论,采用 Stata10.0 软件在回归命令中利用 robust 选项进行稳健 OLS 回归,标准误经过怀特(White)异方差修正,从而使结果更稳健。

6.4.3 回归结果分析

1. 客户参与对企业技术创新绩效的主效应研究

1) 客户参与对企业产品创新绩效的主效应研究

如表 6-15 所示,客户参与新产品开发的 3 个阶段以及全阶段对企业产品创新绩效的主效应影响共 4 个模型,F 值均达到 0.001 显著性水平,表明 4 个模型均通过检验,以客户参与新产品开发的不同阶段来考查客户参与对企业产品创新绩效的回归结果。

(1) 客户参与新产品开发的创意前端阶段(Ⅰ)。在此阶段,“信息提供、人际互动”对企业产品创新绩效产生正向显著的影响作用,其非标准化回归系数分别为 0.148($p<0.01$)、0.157($p<0.01$),H1b、H1d 通过检验。

(2) 客户参与新产品开发的设计开发阶段(Ⅱ)。在此阶段,“信息提供、人际互动”对企业产品创新绩效产生正向显著的影响作用,其非标准化回归系数分别为 0.112($p<0.05$)、0.112($p<0.05$),H1b、H1d 通过检验。

(3) 客户参与新产品开发的产品测试与商业化阶段(Ⅲ)。在此阶段,“工作认知、人际互动”对企业产品创新绩效产生正向显著的影响作用,其非标准化回归系数分别为 0.092($p<0.1$)、0.147($p<0.01$),H1a、H1d 通过检验。

(4) 客户参与新产品开发的全阶段(Total):在此阶段,“信息提供、人际互动”对企业产品创新绩效产生正向显著的影响作用,其非标准化回归系数分别为 0.137($p<0.05$)、0.183($p<0.01$),H1b、H1d 通过检验。

控制变量的影响方面。

(1)“企业成立年限、企业规模、企业研发支出比例”在客户参与新产品开发的所有阶段(即Ⅰ、Ⅱ、Ⅲ、全阶段,下同)均对企业产品创新绩效产生正向显著的影响作用。

(2)“企业客户参与”只在客户参与新产品开发的创意前端(Ⅰ)、设计开发(Ⅱ)阶段与对企业产品创新绩效产生正向显著的影响作用。

2) 客户参与对企业过程创新绩效的主效应研究

如表 6-16 所示,客户参与新产品开发的 3 个阶段以及全阶段对企业过程创新绩效的主效应影响共 4 个模型,F 值均达到 0.001 显著性水平,表明 4 个模型均通过检验,以客户参与新产品开发的不同阶段来考查客户参与对企业过程创新绩效的回归结果。

(1) 客户参与新产品开发的创意前端阶段(Ⅰ)。在此阶段,“工作认知、信息提供、人际互动”对企业过程创新绩效产生正向显著的影响作用,其非标准化回归系数分别为 0.063($p<0.1$)、0.145($p<0.01$)、0.122($p<0.01$),H2a、H2b、H2d 通过检验。

(2) 客户参与新产品开发的设计开发阶段(Ⅱ)。在此阶段,“人际互动”对企业过程创新绩效产生正向显著的影响作用,其非标准化回归系数为 0.226($p<0.01$),H2d 通过检验。

(3) 客户参与新产品开发的产品测试与商业化阶段(Ⅲ)。在此阶段,“信息提供、人际互动”对企业过程创新绩效产生正向显著的影响作用,其非标准化回归系数分别为 0.117($p<0.05$)、0.203($p<0.01$),H2b、H2d 通过检验。

(4) 客户参与新产品开发的全阶段(Total)。在此阶段,“信息提供、人际互动”对企业过程创新绩效产生正向显著的影响作用,其非标准化回归系数分别为 0.111($p<0.1$)、0.245($p<0.01$),H2b、H2d 通过检验。

控制变量的影响方面。

(1) 从“企业性质”的影响可以看出,国有企业在客户参与新产品开发的所有阶段均对企业过程创新绩效产生负向显著的影响作用。

(2)“企业研发支出比例、企业客户参与”在客户参与新产品开发的所有阶段均对企业过程创新绩效产生正向显著的影响作用。

表 6-15　客户参与对企业产品创新绩效的影响回归结果(N=475)

变　量	创意前端阶段(Ⅰ)		设计开发阶段(Ⅱ)		产品测试与商业化阶段(Ⅲ)		全阶段(Total)	
	回归系数	稳健标准误	回归系数	稳健标准误	回归系数	稳健标准误	回归系数	稳健标准误
常数项	1.266***	0.296	1.348***	0.303	1.007***	0.342	0.960***	0.321
控制变量								
企业成立年限	0.029***	0.007	0.026***	0.008	0.023***	0.008	0.026***	0.007
企业性质	−0.105	0.088	−0.111	0.090	−0.144	0.090	−0.115	0.086
企业员工人数	0.051**	0.024	0.046*	0.025	0.066***	0.025	0.049**	0.024
企业研发支出比例	0.036***	0.008	0.036***	0.008	0.033***	0.008	0.033***	0.008
企业客户参与	0.352*	0.205	0.371*	0.220	0.347	0.222	0.317	0.218
个体顾客参与	0.054	0.075	0.068	0.077	0.053	0.074	0.037	0.074
地区	控制		控制		控制		控制	
行业	控制		控制		控制		控制	
解释变量								
工作认知	−0.018	0.038	0.004	0.048	0.092*	0.051	0.026	0.057
信息提供	0.148***	0.049	0.112**	0.052	0.066	0.056	0.137**	0.060
共同开发	0.031	0.047	0.077	0.047	0.070	0.047	0.079	0.057
人际互动	0.157***	0.047	0.112**	0.049	0.147***	0.057	0.183***	0.061
模型统计量								
R^2	0.313		0.292		0.303		0.322	
F	10.850***		10.130***		12.090***		12.090***	

注：*** 表示显著性水平 $p<0.01$；** 表示显著性水平 $p<0.05$；* 表示显著性水平 $p<0.10$。

表 6-16 客户参与对企业过程创新绩效的影响回归结果(N=475)

变量	创意前端阶段(Ⅰ)		设计开发阶段(Ⅱ)		产品测试与商业化阶段(Ⅲ)		全阶段(Total)	
	回归系数	稳健标准误	回归系数	稳健标准误	回归系数	稳健标准误	回归系数	稳健标准误
常数项	1.562***	0.296	1.544***	0.259	1.294	0.289	1.225***	0.272
控制变量								
企业成立年限	0.003	0.007	−0.001	0.007	−0.003	0.007	−0.001	0.007
企业性质	−0.169**	0.088	−0.170**	0.079	−0.188**	0.080	−0.170**	0.076
企业员工人数	0.015	0.024	0.018	0.023	0.037	0.024	0.021	0.023
企业研发支出比例	0.020***	0.008	0.020***	0.008	0.020***	0.008	0.018**	0.008
企业客户参与	0.569***	0.205	0.566***	0.165	0.529***	0.164	0.506***	0.166
个体顾客参与	0.061	0.075	0.079	0.076	0.043	0.076	0.044	0.074
地区	控制		控制		控制		控制	
行业	控制		控制		控制		控制	
解释变量								
工作认知	0.063*	0.038	0.075	0.046	−0.018	0.042	0.060	0.050
信息提供	0.145***	0.049	0.037	0.050	0.117**	0.052	0.111*	0.060
共同开发	−0.010	0.047	−0.016	0.042	0.049	0.046	0.005	0.054
人际互动	0.122***	0.047	0.226***	0.043	0.203***	0.053	0.245***	0.055
模型统计量								
R^2	0.284		0.282		0.267		0.301	
F	6.640***		6.850***		6.740***		7.540***	

注：*** 表示显著性水平 $p<0.01$；** 表示显著性水平 $p<0.05$；* 表示显著性水平 $p<0.10$。

2. 企业吸收能力对企业技术创新绩效的主效应研究

如表 6-17 所示，企业吸收能力对企业技术创新绩效的主效应影响共 2 个模型，F 值均达到 0.001 显著性水平，表明 2 个模型均通过检验，回归结果如下。

企业吸收能力的三个子维度企业知识获取能力、企业知识消化转化能力、企业知识利用能力均对企业产品创新绩效产生正向显著的影响作用，其非标准化回归系数分别为 0.119($p<0.01$)、0.174($p<0.01$)、0.334($p<0.01$)，H3a、H3b、H3c 全部通过检验；企业吸收能力的三个子维度均对企业过程创新绩效产生正向显著的影响作用，其非标准化回归系数分别为 0.137($p<0.01$)、0.283($p<0.01$)、0.153($p<0.01$)，H4a、H4b、H4c 全部通过检验。

控制变量的影响方面。"企业成立年限、企业规模、企业研发支出比例"对产品创新绩效产生正向显著的影响作用；从"企业性质"的影响可以看出，国有企业对过程创新绩效产生负向显著的影响作用；"企业客户参与"对过程创新绩效产生正向影响作用。

表 6-17 吸收能力对企业技术创新绩效的影响回归结果(N=475)

变量	产品创新绩效		过程创新绩效	
	回归系数	稳健标准误	回归系数	稳健标准误
常数项	0.297	0.336	0.768***	0.259
控制变量				
企业成立年限	0.019**	0.007	−0.004	0.006
企业性质	−0.096	0.087	−0.166**	0.072
企业员工人数	0.067***	0.024	0.026	0.021
企业研发支出比例	0.017**	0.008	0.005	0.007
企业客户参与	0.237	0.216	0.425**	0.168
个体顾客参与	−0.063	0.068	−0.046	0.071
地区	控制		控制	
行业	控制		控制	
解释变量				
知识获取能力	0.119***	0.041	0.137***	0.037
知识消化转化能力	0.174***	0.065	0.283***	0.054
知识利用能力	0.334***	0.052	0.153***	0.048

续表

变　量	产品创新绩效		过程创新绩效	
	回归系数	稳健标准误	回归系数	稳健标准误
模型统计量				
R^2	0.417		0.378	
F	14.550***		10.160***	

注：*** 表示显著性水平 $p<0.01$；** 表示显著性水平 $p<0.05$；* 表示显著性水平 $p<0.10$。

3. 企业吸收能力调节作用下客户参与对企业技术创新绩效的影响研究

1）企业知识获取能力调节作用下客户参与对企业产品创新绩效的影响

如表 6-18 所示，在客户参与新产品开发的 3 个阶段以及全阶段下，企业吸收能力的第 1 个子维度企业知识获取能力调节客户参与对企业产品创新绩效的影响共 4 个模型，F 值均达到 0.001 显著性水平，表明 4 个模型均通过检验，R^2 比客户参与对企业产品创新绩效的主效应模型有所提升，说明模型比主效应模型能更好地解释各变量对于企业产品创新绩效的影响效应，以客户参与新产品开发的不同阶段来考查将企业知识获取能力调节客户参与对企业产品创新绩效的影响回归结果。

(1) 客户参与新产品开发的创意前端阶段（Ⅰ）。在此阶段，企业知识获取能力与客户参与的 4 个子维度交互项均不显著，即说明企业知识获取能力调节客户参与对企业产品创新绩效的影响不显著，H5a、H5b、H5c、H5d 均不通过检验。

(2) 客户参与新产品开发的设计开发阶段（Ⅱ）。在此阶段，企业知识获取能力与客户参与的 4 个子维度交互项均不显著，即说明企业知识获取能力调节客户参与对企业产品创新绩效的影响不显著，H5a、H5b、H5c、H5d 均不通过检验。

(3) 客户参与新产品开发的产品测试与商业化阶段（Ⅲ）。在此阶段，企业知识获取能力与客户参与的 4 个子维度交互项均不显著，即说明企业知识获取能力调节客户参与对企业产品创新绩效的影响不显著，H5a、H5b、H5c、H5d 均不通过检验。

(4) 客户参与新产品开发的全阶段（Total）。在此阶段，企业知识获取能力与客户参与的 4 个子维度交互项均不显著，即说明企业知识获取能力调节客户参与对企业产品创新绩效的影响不显著，H5a、H5b、H5c、H5d 均不通过检验。

控制变量的影响方面。“企业成立年限、企业规模、企业研发支出比例”在客户参与新产品开发的所有阶段均对企业产品创新绩效产生正向显著的影响作用。

2）企业知识获取能力调节作用下客户参与对企业过程创新绩效的影响

如表6-19所示，在客户参与新产品开发的3个阶段以及全阶段下，企业吸收能力的第一个子维度企业知识获取能力调节客户参与对企业过程创新绩效的影响共4个模型，F值均达到0.001显著性水平，表明4个模型均通过检验，R^2比客户参与对企业过程创新绩效的主效应模型有所提升，说明模型比主效应模型能更好地解释各变量对于企业过程创新绩效的影响效应，以客户参与新产品开发的不同阶段来考查企业知识获取能力调节客户参与对企业过程创新绩效的影响回归结果。

（1）客户参与新产品开发的创意前端阶段（Ⅰ）。在此阶段，企业知识获取能力与客户参与的“共同开发”子维度交互项显著，其非标准化回归系数为0.129（$p<0.05$），即说明企业知识获取能力正向调节客户参与之共同开发对企业过程创新绩效的影响关系，H6c通过检验。

（2）客户参与新产品开发的设计开发阶段（Ⅱ）。在此阶段，企业知识获取能力与客户参与的4个子维度交互项均不显著，即说明企业知识获取能力调节客户参与对企业过程创新绩效的影响不显著，H6a、H6b、H6c、H6d均不通过检验。

（3）客户参与新产品开发的产品测试与商业化阶段（Ⅲ）。在此阶段，企业知识获取能力与客户参与的“共同开发”子维度交互项显著，其非标准化回归系数为0.093（$p<0.1$），即说明企业知识获取能力正向调节客户参与之共同开发对企业过程创新绩效的影响关系，H6c通过检验。

（4）客户参与新产品开发的全阶段（Total）。在此阶段，企业知识获取能力与客户参与的“共同开发”子维度交互项显著，其非标准化回归系数为0.129（$p<0.05$），即说明企业知识获取能力正向调节客户参与之共同开发对企业过程创新绩效的影响关系，H6c通过检验。

控制变量的影响方面。

（1）从“企业性质”的影响可以看出，国有企业在客户参与新产品开发的所有阶段均对企业过程创新绩效产生负向显著的影响作用。

（2）“企业研发支出比例、企业客户参与”在客户参与新产品开发的所有阶段均对企业过程创新绩效产生正向显著的影响作用。

表 6-18　企业知识获取能力调节作用下客户参与对企业产品创新绩效的影响回归结果(N=475)

变量	创意前端阶段(Ⅰ)		设计开发阶段(Ⅱ)		产品测试与商业化阶段(Ⅲ)		全阶段(Total)	
	回归系数	稳健标准误	回归系数	稳健标准误	回归系数	稳健标准误	回归系数	稳健标准误
常数项	0.991***	0.291	1.068***	0.294	0.715**	0.334	0.770**	0.311
控制变量								
企业成立年限	0.027***	0.008	0.025***	0.008	0.022***	0.008	0.025***	0.008
企业性质	−0.127	0.086	−0.134	0.089	−0.163*	0.089	−0.135	0.086
企业员工人数	0.048**	0.024	0.040*	0.024	0.061**	0.024	0.047**	0.024
企业研发支出比例	0.033***	0.008	0.031***	0.008	0.029***	0.008	0.030***	0.008
企业客户参与	0.272	0.198	0.282	0.211	0.266	0.213	0.239	0.209
个体顾客参与	0.005	0.074	0.017	0.074	−0.002	0.073	−0.005	0.073
地区	控制		控制		控制		控制	
行业	控制		控制		控制		控制	
解释变量								
工作认知	−0.023	0.038	0.001	0.047	0.080	0.050	0.016	0.056
信息提供	0.147***	0.047	0.121**	0.050	0.061	0.053	0.144**	0.057
共同开发	0.010	0.046	0.055	0.047	0.064	0.046	0.054	0.058
人际互动	0.131***	0.047	0.076	0.051	0.127**	0.057	0.147**	0.063
调节变量								
知识获取能力	0.175***	0.044	0.191***	0.042	0.182***	0.040	0.165***	0.041
交互项								
知识获取能力×工作认知	−0.022	0.055	0.050	0.059	0.067	0.055	0.051	0.075
知识获取能力×信息提供	0.079	0.073	0.072	0.070	0.053	0.066	0.080	0.079
知识获取能力×共同开发	0.035	0.061	0.026	0.058	0.070	0.057	0.042	0.071
知识获取能力×人际互动	−0.014	0.061	−0.083	0.066	−0.064	0.069	−0.075	0.080
模型统计量								
R^2	0.347		0.334		0.351		0.356	
F	9.550***		9.690***		10.220***		10.390***	

注：*** 表示显著性水平 $p<0.01$；** 表示显著性水平 $p<0.05$；* 表示显著性水平 $p<0.10$。

表 6-19　企业知识获取能力调节作用下客户参与对企业过程创新绩效的影响回归结果(N=475)

变　量	创意前端阶段(Ⅰ)		设计开发阶段(Ⅱ)		产品测试与商业化阶段(Ⅲ)		全阶段(Total)	
	回归系数	稳健标准误	回归系数	稳健标准误	回归系数	稳健标准误	回归系数	稳健标准误
常数项	1.266***	0.234	1.227***	0.247	0.972***	0.266	0.989***	0.254
控制变量								
企业成立年限	0.000	0.007	−0.003	0.007	−0.004	0.007	−0.003	0.007
企业性质	−0.196***	0.072	−0.200***	0.074	−0.201***	0.073	−0.189***	0.071
企业员工人数	0.012	0.022	0.014	0.022	0.028	0.023	0.019	0.022
企业研发支出比例	0.018**	0.007	0.017**	0.008	0.016**	0.008	0.016**	0.008
企业客户参与	0.458***	0.162	0.451***	0.170	0.438***	0.167	0.400**	0.168
个体顾客参与	−0.011	0.069	0.003	0.071	−0.028	0.072	−0.025	0.070
地区	控制		控制		控制		控制	
行业	控制		控制		控制		控制	
解释变量								
工作认知	0.065*	0.037	0.073	0.046	−0.027	0.040	0.061	0.049
信息提供	0.115**	0.048	0.024	0.050	0.101**	0.051	0.088	0.060
共同开发	−0.025	0.043	−0.036	0.041	0.046	0.044	−0.021	0.053
人际互动	0.103**	0.045	0.197***	0.043	0.177***	0.052	0.216***	0.055
调节变量								
知识获取能力	0.197***	0.036	0.211***	0.035	0.208***	0.035	0.192***	0.035
交互项								
知识获取能力×工作认知	−0.047	0.056	−0.018	0.060	0.043	0.046	−0.012	0.069
知识获取能力×信息提供	−0.001	0.064	0.011	0.064	−0.027	0.067	−0.033	0.076
知识获取能力×共同开发	0.129**	0.055	0.077	0.052	0.093*	0.055	0.129**	0.065
知识获取能力×人际互动	0.061	0.059	0.056	0.056	0.009	0.067	0.069	0.070
模型统计量								
R^2	0.357		0.347		0.332		0.362	
F	9.780***		9.230***		8.570***		10.130***	

注：*** 表示显著性水平 $p<0.01$；** 表示显著性水平 $p<0.05$；* 表示显著性水平 $p<0.10$。

3）企业知识消化转化能力调节作用下客户参与对企业产品创新绩效的影响

如表6-20所示，在客户参与新产品开发的3个阶段以及全阶段下，企业吸收能力的第2个子维度企业知识消化转化能力调节客户参与对企业产品创新绩效的影响共4个模型，F值均达到0.001显著性水平，表明4个模型均通过检验，R^2比客户参与对企业产品创新绩效的主效应模型有所提升，说明模型比主效应模型能更好地解释各变量对于企业产品创新绩效的影响效应，以客户参与新产品开发的不同阶段来考查企业知识消化转化能力调节客户参与对企业产品创新绩效的影响回归结果。

(1) 客户参与新产品开发的创意前端阶段(Ⅰ)。在此阶段，企业知识消化转化能力与客户参与的4个子维度交互项均不显著，即说明企业知识消化转化能力调节客户参与对企业产品创新绩效的影响不显著，H7a、H7b、H7c、H7d均不通过检验。

(2) 客户参与新产品开发的设计开发阶段(Ⅱ)。在此阶段，企业知识消化转化能力与客户参与的“工作认知”维度交互项显著，其非标准化回归系数为0.127($p<0.05$)，即说明企业知识消化转化能力正向调节客户参与之工作认知对企业产品创新绩效的影响关系，H7a通过检验。

(3) 客户参与新产品开发的产品测试与商业化阶段(Ⅲ)。在此阶段，企业知识消化转化能力与客户参与的“信息提供”维度交互项显著，其非标准化回归系数为0.178($p<0.01$)，即说明企业知识消化转化能力正向调节客户参与之工作认知对企业产品创新绩效的影响关系，H7b通过检验。

(4) 客户参与新产品开发的全阶段(Total)。在此阶段，企业知识消化转化能力与客户参与的“信息提供”维度交互项显著，其非标准化回归系数为0.146($p<0.05$)，即说明企业知识消化转化能力正向调节客户参与之工作认知对企业产品创新绩效的影响关系，H7b通过检验。

控制变量的影响方面。

“企业成立年限、企业规模、企业研发支出比例”在客户参与新产品开发的所有阶段均对企业产品创新绩效产生正向显著的影响作用。

4）企业知识消化转化能力调节作用下客户参与对企业过程创新绩效的影响

如表6-21所示，在客户参与新产品开发的3个阶段以及全阶段下，企业吸收能力的第2个子维度企业知识消化转化能力调节客户参与对企业过程创新绩效的影响共4个模型，F 值均达到0.001显著性水平，表明4个模型均通过检验，R^2 比客户参与对企业产品创新绩效的主效应模型有所提升，说明模型比主效应模型能更好地解释各变量对于企业产品创新绩效的影响效应，以客户参与新产品开发的不同阶段来考查企业知识消化转化能力调节客户参与对企业过程创新绩效的影响回归结果。

(1) 客户参与新产品开发的创意前端阶段(Ⅰ)。在此阶段，企业知识消化转化能力与客户参与的4个子维度交互项均不显著，即说明企业知识消化转化能力调节客户参与对企业过程创新绩效的影响不显著，H8a、H8b、H8c、H8d均不通过检验。

(2) 客户参与新产品开发的设计开发阶段(Ⅱ)。在此阶段，企业知识消化转化能力与客户参与的"共同开发"维度交互项显著，其非标准化回归系数为0.092($p<0.05$)，即说明企业知识消化转化能力正向调节客户参与之共同开发对企业过程创新绩效的影响关系，H8c通过检验。

(3) 客户参与新产品开发的产品测试与商业化阶段(Ⅲ)。在此阶段，企业知识消化转化能力与客户参与的"共同开发"维度交互项显著，其非标准化回归系数为0.152($p<0.01$)，即说明企业知识消化转化能力正向调节客户参与之共同开发对企业过程创新绩效的影响关系，H8c通过检验。

(4) 客户参与新产品开发的全阶段(Total)。在此阶段，企业知识消化转化能力与客户参与的"共同开发"维度交互项显著，其非标准化回归系数为0.128($p<0.1$)，即说明企业知识消化转化能力正向调节客户参与之共同开发对企业过程创新绩效的影响关系，H8c通过检验。

控制变量的影响方面。

(1) 从"企业性质"的影响可以看出，国有企业在客户参与新产品开发的所有阶段均对企业过程创新绩效产生负向显著的影响作用。

(2) "企业客户参与"在客户参与新产品开发的所有阶段均对企业过程创新绩效产生正向显著的影响作用。

表 6-20　企业知识消化转化能力调节作用下客户参与对企业产品创新绩效的影响回归结果(N=475)

变　量	创意前端阶段(Ⅰ)		设计开发阶段(Ⅱ)		产品测试与商业化阶段(Ⅲ)		全阶段(Total)	
	回归系数	稳健标准误	回归系数	稳健标准误	回归系数	稳健标准误	回归系数	稳健标准误
常数项	0.575*	0.327	0.625*	0.328	0.472	0.353	0.462	0.337
控制变量								
企业成立年限	0.026***	0.007	0.026***	0.007	0.022***	0.008	0.024***	0.007
企业性质	−0.096	0.088	−0.104	0.089	−0.134	0.091	−0.115	0.088
企业员工人数	0.051**	0.024	0.040*	0.024	0.067***	0.025	0.049**	0.024
企业研发支出比例	0.025***	0.008	0.025***	0.008	0.024***	0.008	0.024***	0.008
企业客户参与	0.167	0.209	0.211	0.219	0.207	0.220	0.186	0.217
个体顾客参与	−0.044	0.072	−0.037	0.070	−0.018	0.070	−0.039	0.070
地区	控制		控制		控制		控制	
行业	控制		控制		控制		控制	
解释变量								
工作认知	−0.015	0.038	0.015	0.046	0.074	0.048	0.034	0.055
信息提供	0.073	0.050	0.045	0.050	−0.002	0.055	0.053	0.060
共同开发	0.060	0.046	0.093**	0.045	0.079*	0.046	0.106*	0.056
人际互动	0.079*	0.046	0.010	0.051	0.048	0.060	0.067	0.066
调节变量								
知识消化转化能力	0.365***	0.057	0.397***	0.057	0.367***	0.058	0.346***	0.059
交互项								
知识消化转化能力×工作认知	0.050	0.052	0.127**	0.061	−0.033	0.063	0.057	0.073
知识消化转化能力×信息提供	0.084	0.064	0.063	0.064	0.178***	0.065	0.146**	0.072
知识消化转化能力×共同开发	0.003	0.063	−0.044	0.060	−0.027	0.069	−0.041	0.074
知识消化转化能力×人际互动	−0.075	0.060	−0.077	0.065	−0.047	0.070	−0.084	0.075
模型统计量								
R^2	0.392		0.387		0.385		0.395	
F	10.570***		10.430***		10.810***		11.000***	

注：*** 表示显著性水平 $p<0.01$；** 表示显著性水平 $p<0.05$；* 表示显著性水平 $p<0.10$。

表 6-21　企业知识消化转化能力调节作用下客户参与对企业过程创新绩效的影响回归结果(N=475)

变　量	创意前端阶段(Ⅰ)		设计开发阶段(Ⅱ)		产品测试与商业化阶段(Ⅲ)		全阶段(Total)	
	回归系数	稳健标准误	回归系数	稳健标准误	回归系数	稳健标准误	回归系数	稳健标准误
常数项	0.791***	0.250	0.821***	0.260	0.784***	0.279	0.700***	0.266
控制变量								
企业成立年限	0.001	0.006	−0.002	0.006	0.001	0.006	0.000	0.006
企业性质	−0.159**	0.073	−0.154**	0.076	−0.158**	0.075	−0.158**	0.073
企业员工人数	0.015	0.021	0.026	0.021	0.028	0.021	0.022	0.021
企业研发支出比例	0.010	0.007	0.011	0.007	0.011	0.007	0.010	0.007
企业客户参与	0.405**	0.163	0.377**	0.167	0.375**	0.168	0.366**	0.167
个体顾客参与	−0.040	0.070	−0.020	0.071	−0.043	0.071	−0.040	0.070
地区	控制		控制		控制		控制	
行业	控制		控制		控制		控制	
解释变量								
工作认知	0.070*	0.036	0.083*	0.043	−0.040	0.037	0.053	0.046
信息提供	0.061	0.047	−0.038	0.048	0.039	0.049	0.021	0.059
共同开发	0.021	0.041	0.000	0.038	0.065	0.041	0.037	0.050
人际互动	0.041	0.045	0.121***	0.044	0.079	0.052	0.118**	0.057
调节变量								
知识消化转化能力	0.382***	0.050	0.383***	0.051	0.395***	0.050	0.361***	0.052
交互项								
知识消化转化能力×工作认知	−0.029	0.051	−0.082	0.054	−0.060	0.040	−0.078	0.059
知识消化转化能力×信息提供	−0.048	0.064	−0.004	0.066	−0.044	0.064	−0.025	0.074
知识消化转化能力×共同开发	0.087	0.064	0.092*	0.050	0.152***	0.058	0.128*	0.068
知识消化转化能力×人际互动	0.019	0.068	0.051	0.061	−0.023	0.073	0.018	0.077
模型统计量								
R^2	0.385		0.385		0.375		0.386	
F	8.910***		9.540***		8.620***		9.170***	

注：*** 表示显著性水平 $p<0.01$；** 表示显著性水平 $p<0.05$；* 表示显著性水平 $p<0.10$。

5）企业知识利用能力调节作用下客户参与对企业产品创新绩效的影响

如表6-22所示，在客户参与新产品开发的3个阶段以及全阶段下，企业吸收能力的第3个子维度企业知识利用能力调节客户参与对企业产品创新绩效的影响共4个模型，F值均达到0.001显著性水平，表明4个模型均通过检验，R^2比客户参与对企业产品创新绩效的主效应模型有所提升，说明模型比主效应模型能更好地解释各变量对于企业产品创新绩效的影响效应，以客户参与新产品开发的不同阶段来考查企业知识利用能力调节客户参与对企业产品创新绩效的影响回归结果。

(1) 客户参与新产品开发的创意前端阶段(Ⅰ)。在此阶段，企业知识利用与客户参与的4个子维度交互项均不显著，即说明企业知识利用能力调节客户参与对企业产品创新绩效的影响不显著，H9a、H9b、H9c、H9d均不通过检验。

(2) 客户参与新产品开发的设计开发阶段(Ⅱ)。在此阶段，企业知识利用与客户参与的4个子维度交互项均不显著，即说明企业知识利用能力调节客户参与对企业产品创新绩效的影响不显著，H9a、H9b、H9c、H9d均不通过检验。

(3) 客户参与新产品开发的产品测试与商业化阶段(Ⅲ)。在此阶段，企业知识利用能力与客户参与的“信息提供”维度交互项显著，其非标准化回归系数为0.142($p<0.05$)，即说明企业知识利用能力正向调节客户参与之信息提供对企业产品创新绩效的影响关系，H9b通过检验。

(4) 客户参与新产品开发的全阶段(Total)。在此阶段，企业知识利用能力与客户参与的“信息提供”维度交互项显著，其非标准化回归系数为0.119($p<0.1$)，即说明企业知识利用能力正向调节客户参与之信息提供对企业产品创新绩效的影响关系，H9b通过检验。

控制变量的影响方面。

“企业成立年限、企业规模、企业研发支出比例”在客户参与新产品开发的所有阶段均对企业产品创新绩效产生正向显著的影响作用。

6）企业知识利用能力调节作用下客户参与对企业过程创新绩效的影响

如表6-23所示，在客户参与新产品开发的3个阶段以及全阶段下，企业吸收能力的第3个子维度企业知识利用能力调节客户参与对企业过程创新绩效的影响共4个模型，F值均达到0.001显著性水平，表明4个模型均通过检验，R^2比客户参与对企业产品创新绩效的主效应模型有所提升，说明模型比主效应模型能更好地解释各变量对于企业产品创新绩效的影响效应，以客户参与新产品开发的不同阶段来考查企业知识利用能力调节客户参与对企业过程创新绩效的影响回归结果。

(1) 客户参与新产品开发的创意前端阶段(Ⅰ)。在此阶段，企业知识利用能力与客户参与的4个子维度交互项均不显著，即说明企业知识利用能力调节客户参与对企业过程创新绩效的影响不显著，H10a、H10b、H10c、H10d均不通过检验。

(2) 客户参与新产品开发的设计开发阶段(Ⅱ)。在此阶段，企业知识利用能力与客户参与的4个子维度交互项均不显著，即说明企业知识利用能力调节客户参与对企业过程创新绩效的影响不显著，H10a、H10b、H10c、H10d均不通过检验。

(3) 客户参与新产品开发的产品测试与商业化阶段(Ⅲ)。在此阶段，企业知识利用能力与客户参与的4个子维度交互项均不显著，即说明企业知识利用能力调节客户参与对企业过程创新绩效的影响不显著，H10a、H10b、H10c、H10d均不通过检验。

(4) 客户参与新产品开发的全阶段(Total)。在此阶段，企业知识利用能力与客户参与的4个子维度交互项均不显著，即说明企业知识利用能力调节客户参与对企业过程创新绩效的影响不显著，H10a、H10b、H10c、H10d均不通过检验。

控制变量的影响方面。

(1) 从“企业性质”的影响可以看出，国有企业在客户参与新产品开发的所有阶段均对企业过程创新绩效产生负向显著的影响作用。

(2) “企业客户参与”在客户参与新产品开发的所有阶段均对企业过程创新绩效产生正向显著的影响作用。

表 6-22　企业知识利用能力调节作用下客户参与对企业产品创新绩效的影响回归结果(N=475)

变　量	创意前端阶段(Ⅰ)		设计开发阶段(Ⅱ)		产品测试与商业化阶段(Ⅲ)		全阶段(Total)	
	回归系数	稳健标准误	回归系数	稳健标准误	回归系数	稳健标准误	回归系数	稳健标准误
常数项	0.354	0.328	0.468	0.327	0.228	0.358	0.275	0.338
控制变量								
企业成立年限	0.022***	0.007	0.020***	0.007	0.019**	0.008	0.020***	0.007
企业性质	−0.080	0.085	−0.073	0.086	−0.099	0.087	−0.084	0.084
企业员工人数	0.067***	0.025	0.060**	0.025	0.075***	0.025	0.062**	0.025
企业研发支出比例	0.020**	0.008	0.020**	0.008	0.018**	0.008	0.019**	0.008
企业客户参与	0.280	0.207	0.292	0.215	0.274	0.218	0.261	0.213
个体顾客参与	−0.047	0.071	−0.037	0.070	−0.041	0.068	−0.052	0.069
地区	控制		控制		控制		控制	
行业	控制		控制		控制		控制	
解释变量								
工作认知	−0.005	0.037	0.025	0.046	0.066	0.047	0.034	0.055
信息提供	0.096*	0.050	0.055	0.051	0.016	0.053	0.073	0.060
共同开发	0.026	0.043	0.081*	0.043	0.076*	0.044	0.084	0.053
人际互动	0.074	0.045	−0.001	0.046	0.059	0.053	0.061	0.059
调节变量								
知识利用能力	0.400***	0.047	0.418***	0.048	0.407***	0.045	0.386***	0.048
交互项								
知识利用能力×工作认知	−0.039	0.043	0.045	0.054	−0.058	0.061	−0.020	0.063
知识利用能力×信息提供	0.056	0.062	0.077	0.062	0.142**	0.066	0.119*	0.072
知识利用能力×共同开发	0.055	0.053	−0.002	0.056	0.069	0.059	0.043	0.065
知识利用能力×人际互动	−0.041	0.058	−0.074	0.064	−0.113	0.067	−0.104	0.072
模型统计量								
R^2	0.412		0.405		0.415		0.416	
F	12.790***		12.480***		12.500***		12.840***	

注：*** 表示显著性水平 $p<0.01$；** 表示显著性水平 $p<0.05$；* 表示显著性水平 $p<0.10$。

表 6-23　企业知识利用能力调节作用下客户参与对企业过程创新绩效的影响回归结果(N=475)

变　量	创意前端阶段(Ⅰ)		设计开发阶段(Ⅱ)		产品测试与商业化阶段(Ⅲ)		全阶段(Total)	
	回归系数	稳健标准误	回归系数	稳健标准误	回归系数	稳健标准误	回归系数	稳健标准误
常数项	0.895***	0.265	0.947***	0.279	0.752**	0.292	0.771***	0.279
控制变量								
企业成立年限	−0.002	0.007	−0.005	0.007	−0.006	0.006	−0.004	0.007
企业性质	−0.151**	0.074	−0.149*	0.076	−0.150**	0.074	−0.151**	0.073
企业员工人数	0.027	0.022	0.031	0.022	0.041*	0.022	0.029	0.022
企业研发支出比例	0.010	0.007	0.009	0.007	0.010	0.007	0.009	0.007
企业客户参与	0.522***	0.159	0.494***	0.166	0.494***	0.166	0.469***	0.165
个体顾客参与	−0.009	0.073	0.002	0.073	−0.024	0.074	−0.017	0.073
地区	控制		控制		控制		控制	
行业	控制		控制		控制		控制	
解释变量								
工作认知	0.074**	0.038	0.081*	0.045	−0.027	0.040	0.064	0.050
信息提供	0.104**	0.046	0.002	0.049	0.071	0.050	0.068	0.059
共同开发	−0.013	0.043	−0.021	0.041	0.058	0.044	0.007	0.053
人际互动	0.064	0.046	0.155***	0.042	0.130**	0.052	0.162***	0.055
调节变量								
知识利用能力	0.286***	0.049	0.285***	0.049	0.290***	0.047	0.256***	0.049
交互项								
知识利用能力×工作认知	−0.024	0.050	−0.061	0.057	0.047	0.061	−0.024	0.069
知识利用能力×信息提供	−0.013	0.068	0.050	0.072	−0.078	0.077	0.001	0.085
知识利用能力×共同开发	0.053	0.062	0.049	0.053	0.094	0.066	0.079	0.071
知识利用能力×人际互动	0.016	0.071	0.009	0.064	−0.056	0.078	−0.028	0.080
模型统计量								
R^2	0.345		0.343		0.338		0.349	
F	7.770***		7.820***		7.330***		8.010***	

注：*** 表示显著性水平 $p<0.01$；** 表示显著性水平 $p<0.05$；* 表示显著性水平 $p<0.10$。

6.4.4 假设检验结论

1. 全部假设检验的结论汇总

表6-24为假设检验的汇总表，H1～H10共10个总假设，经过假设检验，结论为有2个全部通过(H3、H4)、6个部分通过(H1、H2、H6、H7、H8、H9)、2个未通过(H5、H10)，具体如下。

(1) 假设H1、H2是分别关于客户参与对企业产品创新绩效、企业过程创新绩效直接正向的影响作用，检验发现均“部分通过”，具体模式如下。

① 客户与企业的人际互动对企业产品创新绩效在客户参与的任何阶段(包括创意前端阶段Ⅰ、设计开发阶段Ⅱ、产品测试与商业化阶段Ⅲ、全阶段Total)均产生显著正向的影响作用。

② 客户与企业的人际互动对企业过程创新绩效在客户参与的任何阶段(包括创意前端阶段Ⅰ、设计开发阶段Ⅱ、产品测试与商业化阶段Ⅲ、全阶段Total)均产生显著正向的影响作用。

③ 客户的信息提供对企业产品创新绩效在客户参与的阶段(创意前端阶段Ⅰ、设计开发阶段Ⅱ、全阶段Total)产生显著正向的影响作用。

④ 客户的信息提供对企业过程创新绩效在客户参与的阶段(创意前端阶段Ⅰ、产品测试与商业化阶段Ⅲ、全阶段Total)产生显著正向的影响作用。

⑤ 客户对参与工作的认知对企业产品创新绩效在客户参与的产品测试与商业化阶段(Ⅲ)产生正向的影响作用。

⑥ 客户对参与工作的认知对企业过程创新绩效在客户参与的创意前端阶段(Ⅰ)产生正向的影响作用。

上述结论按照客户参与新产品开发的不同阶段整理如下。

① 在客户参与新产品开发的创意前端阶段(Ⅰ)。客户的信息提供、客户与企业的人际互动均对企业产品(过程)创新绩效产生显著正向的影响；客户对参与工作的认知对企业过程创新绩效产生显著正向的影响。

② 在客户参与新产品开发的设计开发阶段(Ⅱ)。客户与企业的人际互动均对企业产品(过程)创新绩效产生显著正向的影响；客户的信息提供对企业产品创

新绩效产生显著正向的影响。

③ 在客户参与新产品开发的产品测试与商业化阶段(Ⅲ)。客户与企业的人际互动均对企业产品(过程)创新绩效产生显著正向的影响;客户对参与工作的认知对企业产品创新绩效产生显著正向的影响;客户的信息提供对企业过程创新绩效产生显著正向的影响。

④ 在客户参与新产品开发的全阶段(Total)。客户的信息提供、客户与企业的人际互动均对企业产品(过程)创新绩效产生显著正向的影响。

(2) 假设 H3、H4 是分别关于企业自有吸收能力对企业产品创新绩效、企业过程创新绩效有直接正向的影响作用,检验发现"全部通过"。

(3) 假设 H5 是关于企业吸收能力之知识获取能力正向调节客户参与和企业产品创新绩效的关系,检验发现无显著调节作用,检验"未通过"。

(4) 假设 H6 是关于企业吸收能力之知识获取能力正向调节客户参与和企业过程创新绩效的关系,检验发现"部分通过"(具体模式见以下第 2 小点)。

(5) 假设 H7 是关于企业吸收能力之知识消化转化能力正向调节客户参与和企业产品创新绩效的关系,检验发现"部分通过"(具体模式见以下第 2 小点)。

(6) 假设 H8 是关于企业吸收能力之知识消化转化能力正向调节客户参与和企业过程创新绩效的关系,检验发现"部分通过"(具体模式见以下第 2 小点)。

(7) 假设 H9 是关于企业吸收能力之知识利用能力正向调节客户参与和企业产品创新绩效的关系,检验发现"部分通过"(具体模式见以下第 2 小点)。

(8) 假设 H10 是关于企业吸收能力之知识利用能力正向调节客户参与和企业过程创新绩效的关系,检验发现无显著调节作用,检验"未通过"。

2. 企业吸收能力作为调节变量的假设检验汇总

H6～H9 是有关企业吸收能力的 3 个子维度调节效应的假设,每个维度与客户参与的 4 个子维度形成 4 个交互项,因此每个总假设下,有 4 个分假设。为了更清晰地反映出调节效应,本研究按照客户参与新产品开发的阶段来汇总这些分假设检验的结论,并绘制成调节效应的图,如图 6-4、图 6-5、图 6-6 所示,分别反映出在创意前端阶段(Ⅰ)、新产品开发的设计开发阶段(Ⅱ)、新产品开发的产品测试与商业化阶段(Ⅲ)、新产品开发的全阶段(Total)阶段下,企业吸收能力的 3 个子维度调节效应的结果。

表 6-24　假设检验结论

总假设描述	分假设描述	创意前端阶段(Ⅰ)	设计开发阶段(Ⅱ)	产品测试与商业化阶段(Ⅲ)	全阶段(Total)	总假设结论
H1 客户参与对企业产品创新绩效产生正向的影响作用	H1a 工作认知对企业产品创新绩效产生正向的影响作用			Y		部分通过
	H1b 信息提供对企业产品创新绩效产生正向的影响作用	Y	Y		Y	
	H1c 共同开发对企业产品创新绩效产生正向的影响作用					
	H1d 人际互动对企业产品创新绩效产生正向的影响作用	Y	Y	Y	Y	
H2 客户参与对企业过程创新绩效产生正向的影响作用	H2a 工作认知对企业过程创新绩效产生正向的影响作用	Y				部分通过
	H2b 信息提供对企业过程创新绩效产生正向的影响作用	Y		Y	Y	
	H2c 共同开发对企业过程创新绩效产生正向的影响作用					
	H2d 人际互动对企业过程创新绩效产生正向的影响作用	Y	Y	Y	Y	
H3 企业自有吸收能力对企业产品创新绩效产生正向的影响作用	H3a 企业知识获取能力对企业产品创新绩效产生正向的影响作用	Y	Y	Y	Y	全部通过
	H3b 企业知识消化转化能力对企业产品创新绩效产生正向的影响作用	Y	Y	Y	Y	
	H3c 企业知识利用能力对企业产品创新绩效产生正向的影响作用	Y	Y	Y	Y	

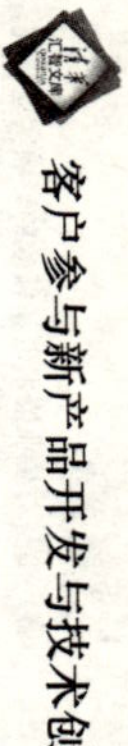

续表

总假设描述	分假设描述	创意前端阶段（Ⅰ）	设计开发阶段（Ⅱ）	产品测试与商业化阶段（Ⅲ）	全阶段（Total）	总假设结论
H4 企业自有吸收能力对企业过程创新绩效产生正向的影响作用	H4a 企业知识获取能力对企业过程创新绩效产生正向的影响作用	Y	Y	Y	Y	全部通过
	H4b 企业知识消化转化能力对企业过程创新绩效产生正向的影响作用	Y	Y	Y	Y	
	H4c 企业知识利用能力对企业过程创新绩效产生正向的影响作用	Y	Y	Y	Y	
H5 企业知识获取能力正向调节了客户参与和企业产品创新绩效的关系	H5a 企业知识获取能力正向调节了客户参与之工作认知维度与企业产品创新绩效的关系					未通过
	H5b 企业知识获取能力正向调节了客户参与之信息提供维度与企业产品创新绩效的关系					
	H5c 企业知识获取能力正向调节了客户参与之共同开发维度与企业产品创新绩效的关系					
	H5d 企业知识获取能力正向调节了客户参与之人际互动维度与企业产品创新绩效的关系					

续表

总假设描述	分假设描述	创意前端阶段（Ⅰ）	设计开发阶段（Ⅱ）	产品测试与商业化阶段（Ⅲ）	全阶段（Total）	总假设结论
H6 企业知识获取能力正向调节了客户参与和企业过程创新绩效的关系	H6a 企业知识获取能力正向调节了客户参与之工作认知维度与企业过程创新绩效的关系					部分通过
	H6b 企业知识获取能力正向调节了客户参与之信息提供维度与企业过程创新绩效的关系					
	H6c 企业知识获取能力正向调节了客户参与之共同开发维度与企业过程创新绩效的关系	Y		Y	Y	
	H6d 企业知识获取能力正向调节了客户参与之人际互动维度与企业过程创新绩效的关系					
H7 企业知识消化转化能力正向调节了客户参与和企业产品创新绩效的关系	H7a 企业知识消化转化能力正向调节了客户参与之工作认知维度与企业产品创新绩效的关系		Y			部分通过
	H7b 企业知识消化转化能力正向调节了客户参与之信息提供维度与企业产品创新绩效的关系			Y	Y	
	H7c 企业知识消化转化能力正向调节了客户参与之共同开发维度与企业产品创新绩效的关系					
	H7d 企业知识消化转化能力正向调节了客户参与之人际互动维度与企业产品创新绩效的关系					

续表

总假设描述	分假设描述	创意前端阶段(Ⅰ)	设计开发阶段(Ⅱ)	产品测试与商业化阶段(Ⅲ)	全阶段(Total)	总假设结论
H8 企业知识消化转化能力正向调节了客户参与和企业过程创新绩效的关系	H8a 企业知识消化转化能力正向调节了客户参与之工作认知维度与企业过程创新绩效的关系					部分通过
	H8b 企业知识消化转化能力正向调节了客户参与之信息提供维度与企业过程创新绩效的关系					
	H8c 企业知识消化转化能力正向调节了客户参与之共同开发维度与企业过程创新绩效的关系		Y	Y	Y	
	H8d 企业知识消化转化能力正向调节了客户参与之人际互动维度与企业过程创新绩效的关系					
H9 企业知识利用能力正向调节了客户参与和企业产品创新绩效的关系	H9a 企业知识利用能力正向调节了客户参与之工作认知维度与企业产品创新绩效的关系					部分通过
	H9b 企业知识利用能力正向调节了客户参与之信息提供维度与企业产品创新绩效的关系			Y	Y	
	H9c 企业知识利用能力正向调节了客户参与之共同开发维度与企业产品创新绩效的关系					
	H9d 企业知识利用能力正向调节了客户参与之人际互动维度与企业产品创新绩效的关系					

续表

总假设描述	分假设描述	创意前端阶段（Ⅰ）	设计开发阶段（Ⅱ）	产品测试与商业化阶段（Ⅲ）	全阶段（Total）	总假设结论
H10 企业知识利用能力正向调节了客户参与和企业过程创新绩效的关系	H10a 企业知识利用能力正向调节了客户参与之工作认知维度与企业过程创新绩效的关系					未通过
	H10b 企业知识利用能力正向调节了客户参与之信息提供维度与企业过程创新绩效的关系					
	H10c 企业知识利用能力正向调节了客户参与之共同开发维度与企业过程创新绩效的关系					
	H10d 企业知识利用能力正向调节了客户参与之人际互动维度与企业过程创新绩效的关系					

随着客户参与新产品开发的阶段数递增，企业吸收能力的 3 个子维度调节效应逐步显现增强，且参与了调节作用的企业吸收能力子维度数量也逐步增加，在创意前端阶段（Ⅰ）有 1 个企业吸收能力的子维度形成 1 个调节效应、在新产品开发的设计开发阶段（Ⅱ）有 1 个企业吸收能力的子维度形成 2 个调节效应、在新产品开发的产品测试与商业化阶段（Ⅲ）有 3 个企业吸收能力的子维度形成 4 个调节效应，具体说明如下。

(1) 图 6-4 为客户参与新产品开发的创意前端阶段（Ⅰ）。企业知识获取能力正向调节了客户参与之共同开发维度与过程创新绩效的关系，即企业知识获取能力越强，客户参与新产品共同开发增进过程创新绩效越明显。

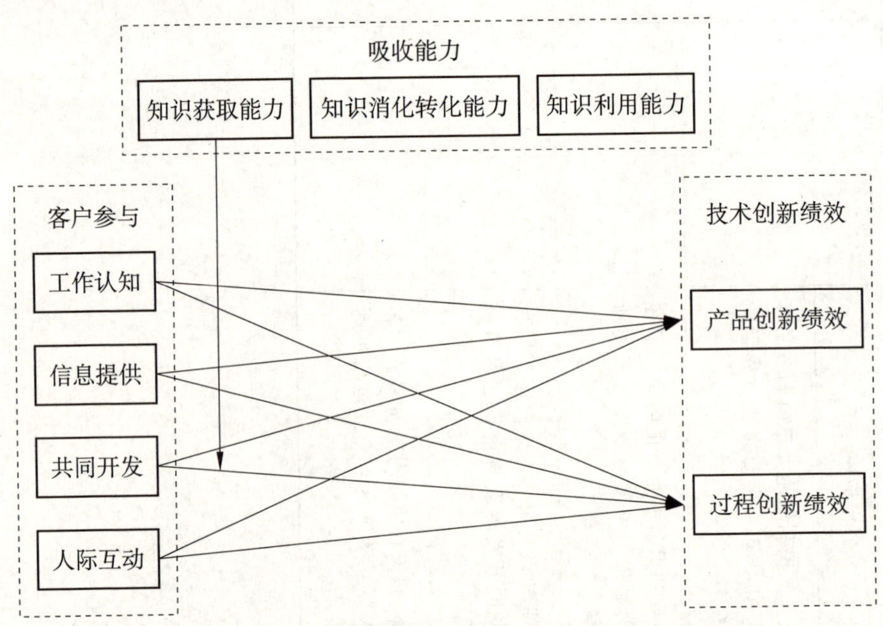

图 6-4　吸收能力的调节效应——客户参与新产品开发的创意前端阶段（Ⅰ）

(2) 图 6-5 为客户参与新产品开发的设计开发阶段（Ⅱ）。企业知识消化转化能力正向调节了客户参与之工作认知维度与产品创新绩效的关系，即企业知识消化转化能力越强，工作认知增进产品创新绩效越明显；企业知识消化转化能力正向调节了客户参与之共同开发维度与过程创新绩效的关系，即企业知识消化转化能力越强，客户参与新产品共同开发增进过程创新绩效越明显。

(3) 图 6-6 为客户参与新产品开发的产品测试与商业化阶段（Ⅲ）。企业吸收

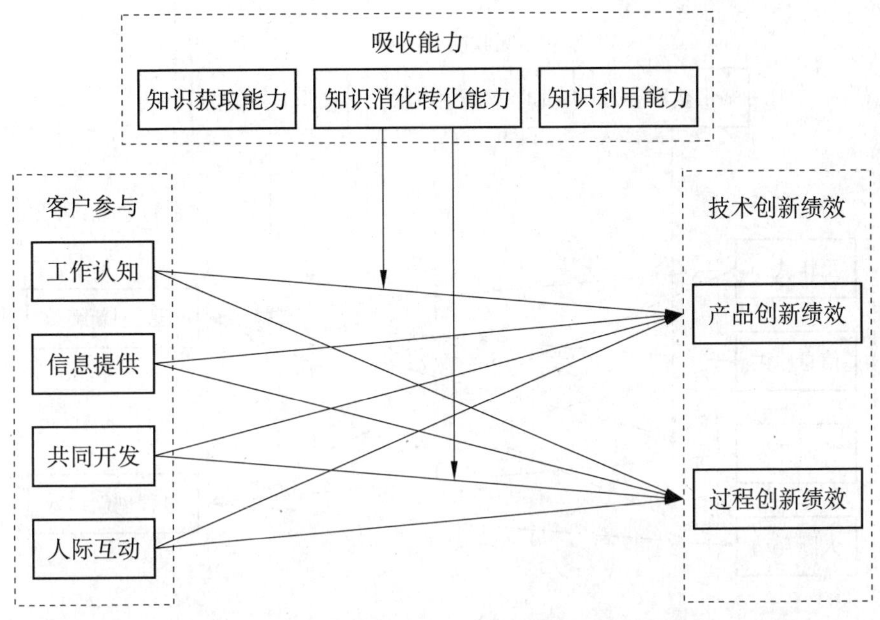

图 6-5　吸收能力的调节效应——客户参与新产品开发的设计开发阶段(Ⅱ)

能力的 3 个子维度均对客户参与的不同维度和企业技术创新绩效有调节作用,共有 4 个调节效应,这 4 个调节效应"再现"了客户参与新产品开发的Ⅰ、Ⅱ阶段中的 2 个调节效应,即企业知识获取能力、企业知识消化转化能力均正向调节了客户参与之共同开发维度与过程创新绩效的关系;新增了 2 个调节效应,即企业知识消化转化能力、企业知识利用能力均正向调节了客户参与之信息提供维度与产品创新绩效的关系。总体来看,这 4 个调节效应形成了两种模式。

① 客户参与的信息提供模式。企业知识消化转化能力、企业知识利用能力均正向调节了客户参与之信息提供维度与产品创新绩效的关系,即企业知识消化转化能力或企业知识利用能力越强,客户信息提供增进产品创新绩效越明显。

② 客户参与的共同开发模式。企业知识获取能力、企业知识消化转化能力均正向调节了客户参与之共同开发维度与过程创新绩效的关系,即企业知识获取能力或企业知识消化转化能力越强,客户参与新产品共同开发增进过程创新绩效越明显。

(4) 在客户参与新产品开发的全阶段(Total)。企业吸收能力的 3 个子维度均对客户参与的不同维度和企业技术创新绩效有调节作用,并且结论和客户参与新

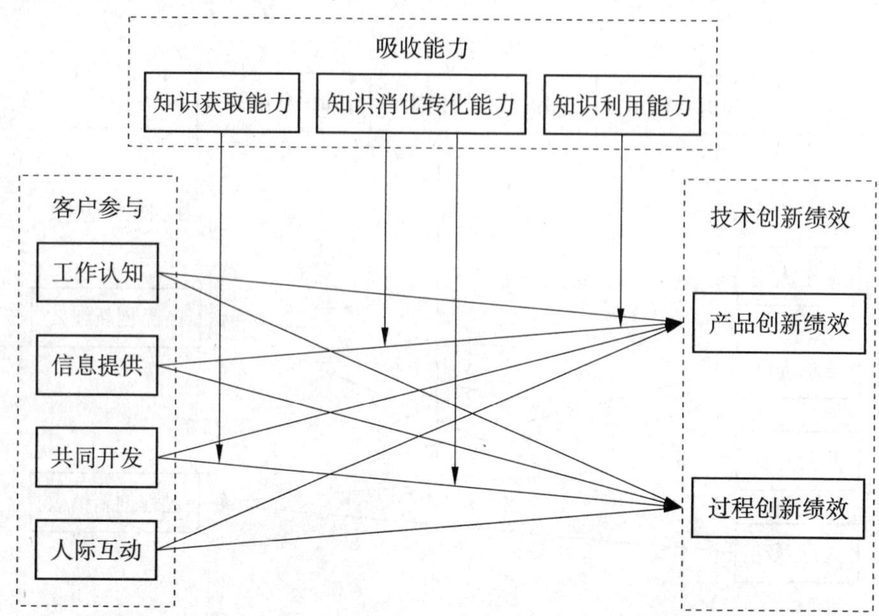

图 6-6 吸收能力的调节效应——客户参与新产品开发的产品测试与商业化阶段(Ⅲ)

产品开发的产品测试与商业化阶段(Ⅲ)完全相同,即上述第(3)点的两种模式,可见客户参与新产品开发的产品测试与商业化阶段(Ⅲ)对于全阶段(Total)的影响非常强,以至于"稀释"了客户参与新产品开发的(Ⅰ)、(Ⅱ)两个阶段。

3. 控制变量的影响效应汇总

(1) 控制变量在客户参与对企业技术创新绩效的主效应中。

① "企业成立年限、企业规模、企业研发支出比例"在客户参与新产品开发的所有阶段均对企业产品创新绩效产生正向显著的影响作用。

② "企业客户参与"只在客户参与新产品开发的创意前端(Ⅰ)、设计开发(Ⅱ)阶段与对企业产品创新绩效均产生正向显著的影响作用。

③ 从"企业性质"的影响可以看出,国有企业在客户参与新产品开发的所有阶段均对企业过程创新绩效产生负向显著的影响作用。

④ "企业研发支出比例、企业客户参与"在客户参与新产品开发的所有阶段均对企业过程创新绩效产生正向显著的影响作用。

(2) 控制变量在企业吸收能力调节作用下客户参与对企业技术创新绩效的影

响中。

① “企业成立年限、企业规模、企业研发支出比例”在客户参与新产品开发的所有阶段均对企业产品创新绩效产生正向显著的影响作用。

② 从“企业性质”的影响可以看出，国有企业在客户参与新产品开发的所有阶段均对企业过程创新绩效产生负向显著的影响作用。

“企业客户参与”在客户参与新产品开发的所有阶段均对企业过程创新绩效产生正向显著的影响作用。

6.5 本章小结

本章对实证研究的全过程做了详细阐述，讨论了大样本数据收集的过程，并进行描述性统计分析，采用验证性因子分析表明理论模型与大样本数据测量模型拟合较好，量表所有的因子结构均通过了验证，变量的划分与测度均为有效；经皮尔逊相关系数分析表明拟构建的回归模型变量间无多重共线性问题，横截面数据克服了样本之间的序列相关问题，采用大样本稳健（robust）标准差估计进行OLS回归分析克服了异方差问题，将企业吸收能力的3个子维度分别做调节效应回归分析以及调节交互项进行中心化处理均避免了可能出现的多重共线性问题。

多元回归方法验证理论假设H1～H10共10个总假设的结论如下。

(1) 2个假设检验结论为全部通过(H3、H4)。即企业自有吸收能力对企业产品创新绩效过程创新绩效产生显著的正向影响。

(2) 2个假设检验结论为未通过(H5、H10)。即企业知识获取能力未显著正向调节客户参与和企业产品创新绩效的关系、企业知识利用能力未显著正向调节客户参与和企业过程创新绩效的关系。

(3) 6个假设检验结论为部分通过(H1、H2、H6、H7、H8、H9)。具体如下。

① H1、H2是分别关于客户参与对企业产品创新绩效、企业过程创新绩效的直接影响，检验发现均“部分通过”，即表示客户参与在参与的不同阶段对企业产品创新绩效、企业过程创新绩效直接正向的影响作用（客户参与的4个维度：工作认

知、信息提供、共同开发、人际互动对企业产品创新绩效、企业过程创新绩效在客户参与的不同阶段表现均不相同)。客户参与新产品开发的全阶段(Total)。客户的信息提供、客户与企业的人际互动均对企业产品(过程)创新绩效产生显著正向的影响。

② H6、H7、H8、H9 为企业吸收能力的 3 个子维度分别调节客户参与与企业技术创新绩效的影响的假设,本研究按照客户参与新产品的 3 个阶段和全阶段对假设结论进行了分类整理,发现如下结论。

随着客户参与新产品的阶段数递增,企业吸收能力的 3 个子维度调节效应逐步显现增强,且参与了调节作用的企业吸收能力子维度数量也逐步增加,在创意前端阶段(Ⅰ)有 1 个企业吸收能力的子维度形成 1 个调节效应,在客户参与新产品开发的设计开发阶段(Ⅱ)有 1 个企业吸收能力的子维度形成 2 个调节效应,在客户参与新产品开发的产品测试与商业化阶段(Ⅲ)有 3 个企业吸收能力的子维度形成 4 个调节效应,具体如下。

a. 在客户参与新产品开发的创意前端阶段(Ⅰ)。企业知识获取能力正向调节了客户参与之共同开发维度与过程创新绩效的关系。

b. 在客户参与新产品开发的设计开发阶段(Ⅱ)。企业知识消化转化能力正向调节了客户参与之工作认知维度与产品创新绩效的关系;企业知识消化转化能力正向调节了客户参与之共同开发维度与过程创新绩效的关系。

c. 在客户参与新产品开发的产品测试与商业化阶段(Ⅲ)。企业吸收能力的 3 个子维度均对客户参与的不同维度和企业技术创新绩效有调节作用,共有 4 个调节效应,这 4 个调节效应中有 2 个包含在上述Ⅰ、Ⅱ两个阶段,并且这 4 个调节效应形成了两种模式:模式 1(客户参与的信息提供模式)——企业知识消化转化能力、企业知识利用能力均正向调节了客户参与之信息提供维度与产品创新绩效的关系;模式 2(客户参与的共同开发模式)——企业知识获取能力、企业知识消化转化能力均正向调节了客户参与之共同开发维度与过程创新绩效的关系。

d. 在客户参与新产品开发的全阶段(Total)。结论和客户参与新产品开发的产品测试与商业化阶段(Ⅲ)即上述 c 点完全相同。

另外,在控制变量的影响方面,无论是主效应还是企业吸收能力调节效应下的客户参与对技术创新绩效的影响中,都存在正向显著的作用。

(1)“企业成立年限、企业规模、企业研发支出比例”在客户参与新产品开发的所有阶段均对企业产品创新绩效产生正向显著的影响作用。

（2）从“企业性质”的影响可以看出，国有企业在客户参与新产品开发的所有阶段均对企业过程创新绩效产生负向显著的影响作用。

（3）“企业客户参与”在客户参与新产品开发的所有阶段均对企业过程创新绩效产生正向显著的影响作用。

第7章 研究结论与展望

7.1 主要研究结论

在知识经济高度发展的今天，技术发展日新月异，产品生命周期越来越短，企业的创新能力已经成为其在新竞争环境中制胜的关键(陈衍泰，2007)。越来越多的企业开始注重增强吸收能力以提升其创新能力，进而进一步改善其技术创新绩效(Lichtenthalr，2009；Guan，2009；Zeng，等，2010)。作为企业外部最重要创新源——客户对企业来说，如何强调其重要性都不为过，可以说企业的竞争优势在于客户洞察及其关系(Fisk，2010)。众所周知，企业开发新产品的失败率非常高，据产品设计专家统计，一般产品失败率高达90%，而基础性创新产品如新药研制的失败率高达96%(余芳珍，2005)，尽管如此，企业约三成以上利润来自新产品，新产品开发和产品创新日益成为企业竞争优势的重要来源。

随着市场化竞争的进一步深化，全球企业的产品创新活动正面临从“竞争者驱动”到“客户导向”模式的转变，这就从战略、流程、组织与方法等各方面对企业提出了新要求(仝允桓，2009)。为此，一些企业为加速新产品研发速度、缩短新产品研发周期而积极采取客户参与策略(许庆瑞，2006)。波音飞机、飞利浦、陶氏化学等一大批外资企业在客户参与方面做出了卓越的探索。近年来,我国已有企业在技术创新尤其是新产品开发过程中开始尝试客户参与模式,但是多数企业并没有很好应用客户参与模式来开发新产品,而是大量采用简单模仿创新的模式来开发新产品或改进产品。因此,我国企业是否应顺应全球企业的产品创新活动转变的趋势,通过吸收并有效利用外部资源来提升自身的吸收能力,从而提升企业技术创新绩效?企业应如何通过新产品开发并以技术创新推动来增强企业竞争优势?在新产品开发中又如何拉动客户的需求,吸纳客户参与以缩短新产品研发周期?本研究试图从中国企业面临的这些实际问题入手展开研究工作。

研究的具体问题为:面向新产品开发中如何识别影响客户参与的关键特征从而确定科学的测度?企业的吸收能力和技术创新绩效应如何测度?引入客户参与新产品开发不同阶段的模式下,客户参与对企业技术创新绩效产生怎样的影响?企业自有吸收能力如何影响企业技术创新绩效?企业自有吸收能力调节作用下的客户参与对企业技术创新绩效的作用机理?这些问题还缺乏深入系统的理论研究。因而,在现阶段,深入开展在企业自有吸收能力调节效应作用下,面向新产品开发的客户参与对企业技术创新绩效的影响机制的研究,显得非常紧迫和重要,研究对于满足我国企业技术创新管理需求、促进企业持续提升全球竞争力具有较为重要的理论和实际应用价值。

本研究从上述问题出发,综合运用理论和文献研究、问卷设计、大样本统计等一系列研究方法以及SPSS、STATA、AMOS等数理统计软件,逐步回答了上述研究问题,得到了一些较有价值的发现,形成了以下研究结论。

(1) 在客户参与新产品开发的各个阶段模式下,客户与企业的人际互动对企业技术创新绩效均直接产生显著正向的影响作用。在客户参与的最初阶段,客户的信息提供对企业技术创新绩效产生显著正向的影响作用。随着客户参与阶段数的递增,客户的信息提供仅影响技术创新绩效中的产品维度或过程维度。

本研究发现,在客户参与新产品开发的各个阶段[包括创意前端阶段(Ⅰ)、设计开发阶段(Ⅱ)、产品测试与商业化阶段(Ⅲ)、全阶段(Total)],客户与企业的人际互动对企业技术创新绩效(包含产品、过程创新绩效)均直接产生显著正向的影响作用。

而在客户参与的创意前端阶段(Ⅰ),客户参与的信息提供均对技术创新绩效产生显著正向的影响,但在客户参与的设计开发阶段(Ⅱ)、产品测试与商业化阶段(Ⅲ),客户参与的信息提供分别只对企业的产品创新绩效、企业的过程创新绩效产生显著的正向影响作用。由于客户参与的创意前端阶段(Ⅰ)的强烈作用,在客户参与的全阶段(Total),客户参与的信息提供仍均对技术创新绩效产生显著正向的影响。

(2) 在客户参与新产品开发的各个阶段模式下,客户参与新产品的共同开发对企业技术创新绩效没有直接显著的影响。客户对参与工作的认知也在客户参与阶段的最初和最末阶段分别对企业的技术创新绩效的过程维度和产品维度产生影响。

本研究发现,在客户参与新产品开发的各个阶段[包括创意前端阶段(Ⅰ)、设计开发阶段(Ⅱ)、产品测试与商业化阶段(Ⅲ)、全阶段(Total)],客户参与新产品的共同开发对企业技术创新绩效没有直接显著的影响。

而在客户参与的创意前端阶段(Ⅰ),客户对参与工作的认知只对企业的过程创新绩效产生显著的正向影响作用;在客户参与的产品测试与商业化阶段(Ⅲ),客户对参与工作的认知只对企业的产品创新绩效产生显著的正向影响作用。

结合大样本描述性统计分析,从客户参与的各阶段平均得分来看,基本有一个规律为"工作认知＜共同开发＜信息提供＜人际互动",而且在回归系数上,"工作认知、共同开发"的数值均比"人际互动、信息提供"小。表明在中国企业普遍引导客户在新产品开发中对参与工作的认知、与企业共同开发方面做得较少,因此带来客户参与在这两方面对企业技术创新的主效应较不明显;而中国企业引导客户在新产品开发中对提供信息、与企业人际互动方面较为重视,主效应较为突出。上述结论是符合中国国情,带有中国企业特征的。

(3) 企业自有吸收能力对企业技术创新绩效均产生显著正向的影响作用。

本研究发现,企业自有吸收能力的 3 个维度知识获取能力、知识消化转化、知识利用能力均对企业技术创新绩效均产生显著正向的影响作用,且在调节效应全模型中,企业自有吸收能力的 3 个维度知识获取能力、知识消化转化、知识利用能力仍然非常显著。

(4) 随着客户参与新产品开发的阶段数递增,企业自有吸收能力的调节效应逐步显现增强,客户参与逐步形成了信息提供、共同开发两种模式。客户与企业的人际互动对企业技术创新绩效虽然主效应显著,但不受企业吸收能力的调节。

本研究发现,从客户参与新产品开发的创意前端阶段(Ⅰ)至客户参与新产品开发的产品测试与商业化阶段(Ⅲ),企业自有吸收能力的 3 个子维度分别形成了 1→2→4 个调节效应,客户参与新产品的共同开发对企业技术创新绩效影响虽然主效应不显著，随着阶段数递增，受吸收能力（知识获取、知识消化转化能力）的调节效应逐步增强[（Ⅰ）、（Ⅱ）阶段各1个调节效应；（Ⅲ）阶段或者（Total）阶段合成（Ⅰ）、（Ⅱ）阶段为2个调节效应]，放大了影响，从而对过程创新绩效产生显著的影响，形成了客户参与的"共同开发"模式。

随着阶段数递增，到客户参与的后端阶段（Ⅲ）或者全阶段（Total）来看：客户参与新产品开发的信息提供对产品创新绩效影响主效应正向显著，通过吸收能力（知识消化转化能力、知识利用能力）的正向显著调节，影响更加明显，形成了客户参与的"信息提供"模式。

研究同时发现，在客户参与新产品开发的任何阶段，客户与企业的人际互动对企业技术创新绩效虽然主效应显著，但并不受企业吸收能力的调节，也反映出了人际互动的社会资本自然属性不会随着外部因素的调节而产生变化的特性。

研究还发现，在客户参与新产品开发的全阶段（Total），企业吸收能力的3个子维度均对客户参与的不同维度和企业技术创新绩效有调节作用，并且结论和客户参与新产品开发的产品测试与商业化阶段（Ⅲ）完全相同，可见客户参与新产品开发的产品测试与商业化阶段（Ⅲ）对于在客户参与新产品开发的各阶段中影响非常强，以致"稀释"了客户参与新产品开发的（Ⅰ）、（Ⅱ）两个阶段。

结合大样本描述性统计分析，从创意前端（Ⅰ）至产品测试与商业化（Ⅲ）阶段，随着阶段数递增，客户参与的4个子维度平均得分值均逐步提高，可以表明在新产品开发中：在创意前端阶段，客户参与程度最低；在产品设计开发阶段，客户参与程度较高；在产品测试与商业化阶段，客户参与的程度最高。这一结果比较符合中国企业现阶段的国情，即中国企业比较倾向于在后端邀请客户来参与新产品测试和体验，在创意前端前也仅仅做市场调研较多，客户产品创意的收集非常少，这也解释了随着阶段数递增，调节效应也会逐渐显著，在客户参与新产品开发的产品测试与商业化阶段（Ⅲ）调节效应最强的原因。

(5) 企业自有吸收能力各个维度在客户参与的不同阶段具有先后的调节作用，企业自有吸收能力调节效应会产生一种交替作用的机制。

本研究发现，如第6章图6-4、图6-5、图6-6所示，如果从企业自有吸收能力的3个子维度即知识获取能力、知识消化能力、知识利用能力的先后调节作用机制，以及客户参与新产品开发的阶段数顺序结合起来分析，也可以发现企业自有吸收能力调节效应产生一种交替作用的机制规律：创意前端阶段（Ⅰ）企业自有的知识获取能力首先起调节作用，显著正向调节客户参与新产品的共同开发与过程创新绩效→设计开发阶段(Ⅱ),企业自有的知识消化转化能力再起调节作用,显著正向调节客户参与新产品的共同开发与过程创新绩效→产品测试与商业化阶段(Ⅲ),上述两个调节依旧存在,而此时企业自有的知识消化转化能力、自有知识利用能力开始起作用,显著正向调节客户参与新产品的信息提供与产品创新绩效,说明新产品开发信息得到有效对称并且工艺过程得到优化,从而使新产品快速得到成功开发或者改进。

7.2 研究的创新点与实践意义

7.2.1 研究的创新点

本研究通过对客户参与对企业技术创新绩效影响的关系研究,对国内外相关理论进行了延伸和拓展,主要创新点如下。

1. 构建了面向新产品开发的客户参与模式与测度方法

在目前已有的国内外文献,大都聚焦研究个体顾客参与类似于服务的"软"产品,参与新产品开发的"硬"产品文献较少,而且作为企业层面的客户参与的文献更为缺乏,如何能把其中参与部分的共性部分提炼出,又能应用到新产品开发的"硬"产品中去,符合新产品开发的特征,是本研究需要解决的一项关键科学问题。综合已有文献,本研究从国内外文献和理论中,找出所有测量维度所有具体的题项,通过走访20余家有开发新产品经历的企业,识别出客户参与新产品开发的关键特征和模式,形成具体的题项,并在研究团队内部多次进行焦点小组讨论,提出的在新产品开发中,客户参与用工作认知、信息提供、共同开发、人际互动4个维度来测量,并筛选出最能反映在新产品开发中客户参与的每个测量维度的具体题项,并逐条在题项设置、题项用词与表达、题项逻辑顺序方面进行修改。利用预调查中的小样本对所有变量测量题项进行净化并采用探索性因子分析方法对所有变量进行分析研究。最后通过企业专家、学术专家对客户参与的题项进行全面审定,题项尽量采用简单通俗的语言表述。通过大样本实测和验证性因子分析、结构方程模型分析，证实本研究对客户参与的工作认知、信息提供、共同开发、人际互动4个变量，13个题项，39个问题的划分与测度是有效的。

2. 系统刻画了客户参与在新产品开发不同阶段的表现

Baqer(2006)借鉴Bettencourt(1997)对客户参与提出的三角色论，提出了客户参与分为生产前准备阶段、产品开发阶段、后期处理阶段；Füller & Matzler(2007)在*Technovation*上发表了一篇有关客户参与虚拟产品设计上的文章，Füller & Matzler采用案例研究法，把客户参与新产品开发分为创意阶段、设计开发阶段、产品测试支持阶段。但这些学者都没有在这些阶段上具体测量客户参与，国内外其他分阶段测量客户参与的文献也非常缺乏。笔者从中得到启发，按照企业新产品开发的流程，适当在新产品开发的前后流程的阶段划分上做了延伸，分为创意前端阶段(Ⅰ)、设计开发阶段(Ⅱ)、产品测试与商业化阶段(Ⅲ)，在问卷设计上把客户参与各题项的问题放在上述三个阶段分别进行测试，以系统刻画客户参与在新产品开发不同阶段的表现。从与企业访谈和问卷填写的情况来看，分阶段测试方式也赋予了被试者一种具体的情境，这样问卷的数据越接近真实。

3. 揭示了面向新产品开发的客户参与在各阶段对企业技术创新绩效的影响机制，并发现了企业自有吸收能力在各阶段上具有相继交替的调节效应

国内目前关于把企业自有吸收能力作为调节角色和结合客户参与具体阶段的情境研究较少，本研究企业自有吸收能力变量按照知识获取能力、知识消化转化能力、知识利用能力三维度量表进行了信度分析和探索性因子分析、验证性因子分析，结果非常令人满意，支持了企业自有吸收能力的三维度假说。通过实证测量与分析，揭示了面向新产品开发的客户参与各维度“工作认知、信息提供、共同开发、人际互动”在客户参与各阶段上对技术创新绩效的影响机制，并发现了企业自有吸收能力构成的维度“知识获取能力、知识消化转化能力、知识利用能力”在客户参与各个阶段相继交替的调节效应，同时也发现了客户参与的“信息提供”和“共同开发”两种模式。

7.2.2 研究的实践意义

1. 中国企业在新产品开发中应把客户参与的阶段前移，使产品在概念期就带有客户的需求特征，随着产品定义逐渐清晰，在产品原型、产品测试等环节产品随客户的动态需求而调整

本研究表明中国企业在新产品开发中，在创意前端阶段客户参与程度最低；在产品设计开发阶段客户参与程度较高；在产品测试与商业化阶段客户参与的程度最高。目前，中国企业更多在后端邀请客户来参与新产品测试和体验，在产品战略规划、产品创意的收集、产品概念开发、产品原型设计开发等前端客户介入非常少，但是后端往往产品原型已经确定，结合客户需求的实质性修改难以做到。研究同时发现客户对参与工作的认知有消化学习的滞后效应，客户提早介入认知，有助于对企业新产品的工艺过程绩效的提升，而客户越晚介入认知，只能对企业新产品的成功开发起到提升，并不能改进工艺过程。相比之下，国外的新产品开发在创意前端、产品设计开发、产品测试与商业化阶段形成了成熟完整的客户参与链，从而新产品源源不断得到成功开发。我国在追赶世界先进水平的新产品开发道路上，应把客户参与的阶段前移，从新产品开发的初期就邀请客户一道参与，使产品在概念期就带有客户的需求特征，随着产品定义逐渐清晰，在产品原型、产品测试等环节产品随客户的动态需求而调整，可以改善产品工艺过程，加大产品成功概率，从而提升企业的技术创新绩效。

2. 充分利用企业外部网络并加强企业内机制建设，提高企业自身的吸收能力

从企业实践来看，如果企业自有吸收能力强，能对外部信息加以有效获取、理解、内化并利用，也就能对企业自身的技术创新绩效产生正向积极的影响。本研究证实了这一点，企业自身的吸收能力可以对企业技术创新绩效产生显著正向的影响，且能放大客户参与对技术创新绩效的积极作用。要提升企业自身的吸收能力，要从两部分去实践：一是加强与企业外部利益相关者的联系，如供应商、客户、高校、科研院所、政府、行业协会、技术中介组织、竞争企业、潜在进入企业等，这些都是企业外部的创新网络。积极地与外部网络接洽，并加强与其人际互动，互相信任与支持，形成经常性来往的共享机制，从中企业可以获取大量的信息资源，转化为自身的知识，并善于捕获外部创新网络的隐性知识溢出，将其显性化，并合并自身已有知识形成企业系统化的知识，在企业中流动，最后存储为企业各个员工的隐性知识，形成核心竞争力。二是在企业内形成学习型的机制，密切跟踪国内外新产品的市场变化和发展趋势，组织对最新技术、最新国际标准规范的学习，对新创意、新概念、颠覆性创新的提出提供资金支持，并鼓励员工主动学习、相互学习以及积极参加培训的良好氛围，通过这些机制建设，企业才可能将从外部创新网络中获取的知识，加以消化并积极转化利用，提高自身动态的能力，便是企业吸收能力。当期的企业吸收能力得到提升就可为下一期的客户参与产生各类信息进行有效识别，从而提升企业自身的技术创新绩效。

3. 企业要善于识别利用客户参与的信息提供、共同开发两种模式，并通过企业自身吸收能力的提高，在客户参与新产品开发的各阶段交替放大出信息提供、共同开发两种模式的效果

本研究发现的企业自有吸收能力调节客户参与对技术创新的影响，使客户参与在参与新产品开发的各阶段交替形成信息提供[（Ⅲ）或（Total）阶段对产品创新绩效]、共同开发[（Ⅰ）、（Ⅱ）、（Ⅲ）或（Total）阶段对过程创新绩效]两种模式，客户参与新产品的共同开发在（Ⅰ）、（Ⅱ）、（Ⅲ）或（Total）阶段对技术创新绩效没有主效应，但通过企业吸收能力的放大，对技术创新绩效的过程创新绩效正向影响得到加强；信息提供在（Ⅲ）或（Total）阶段对产品创新绩效影响主效应正向显著，通过企业吸收能力的放大，正向影响更加明显，发挥出了客户参与新产品开发中的信息提供、共同开发两种模式的效果。

从企业实践来看，客户在掌握一定技能和工作认知后，参与新产品的“共同开发”工作，如果企业自有吸收能力（对外部信息获取和消化转化的能力）足够强，就能对客户的“共同开发”是否有效及时加以获取、理解和内化，自然就有助于对企业新产品的工艺过程绩效的显著提升。客户在参与新产品开发中，能源源不断把自身的需求、偏好、市场和需求变化等信息及时反馈给企业，如果企业的吸收能力（对外部信息消化转化的能力、利用能力）足够强，就能对客户的“信息提供”有效加以理解、内化和利用，有助于新产品快速得到成功开发或者改进，对企业新产品的产品过程绩效会有显著提升。因此，企业要善于识别利用客户参与的信息提供、共同开发两种模式，对于在行业处于领先水平的客户，要加强领先客户集成（Hippel，

1986),甚至可以考虑客户并购(杨波 & 刘伟,2011),典型案例如2011年谷歌并购摩托罗拉移动公司,2013年微软并购诺基亚公司。

4. 企业在产业升级和转型中要加大研发投入强度,多吸纳企业客户参与新产品开发,国有企业亟须改善过程创新绩效

本研究发现,加大企业研发投入强度,可以促进企业的产品创新绩效,2012年浦江创新论坛指出"我国大中型企业当中,具有研发活动的企业数量不超过30%,而且企业的平均研发支出强度比较低,大中型企业研发支出占销售收入的比例是0.93%(世界主要发达国家这一比例为2.5%~4%)"。可以看出,我国当前企业研发投入强度还处于低位水平,企业在当前的产业升级和转型中,要加大研发投入强度,着眼提升产品创新绩效,从而提升企业的全球竞争力。企业客户往往在专业知识上比个体顾客强,对于企业产品工艺过程绩效有更强的提升能力,因此可以更好提升企业的过程创新绩效。本研究也证实了这一点,企业要多加强与企业客户的关系,多吸纳企业客户参与新产品开发。研究中还发现国有企业的过程创新绩效表现比非国有企业差,表明国有企业亟须优化工艺流程,加强技术革新,降低高耗能的生产方式,提高劳动生产率,从而改善过程创新绩效。

7.2.3 研究不足与局限

本研究由于实际操作的难度、时间以及个人能力所限,研究中还存在一定的不足和局限性,主要如下。

(1) 研究样本区域覆盖性局限。本研究收集的475个企业样本中长三角地区企业样本占80%,山东、广东、广西三省、自治区企业样本合计约20%,说明大样本以长三角地区企业为主,其他省份尤其北方、中西部省份较为缺乏,研究结果能否反映中国企业的普遍性还有待于进一步验证。

(2) 问卷未设置反向问题。目前有些专家建议在问卷设计上对同一个变量的测量加一些反向问题,即同时以正向问题和反向问题测量同一个变量,在问卷设计的位置上可以相隔一定位置,以测试被试者是否认真回答了每一个问题,本研究因考虑收集问卷的效率没有设置反向问题。

(3) 问卷行业的分类局限。在研究初期,考虑行业时,制造业、快速消费品行业、服务业行业等均在考虑范围之列,快速消费品行业、服务业行业面对个体顾客

参与会多些，而制造业面对企业客户参与更多一些，但在具体设计问卷时参照《中华人民共和国金融行业标准(JR/T 0020—2004)》，因此将快速消费品中食品类的归入“食品饮料烟草制造业”，化学类的归入“化学原料及化学制品(含日用化学品)制造业”，服务业行业归入“其他”类。从收集的475个企业样本来看，制造业、信息技术产业占73.3%，制造业又以机械制造、交通运输设备制造业行业为主；收集的475个企业样本中参与企业新产品开发的客户来源仅有3.5%是单纯的个体顾客，由于是以制造业为主，对应的客户来源恰好避开了个体顾客，因此本研究实际代表更多的是企业客户的参与行为。

(4) 变量测量以主观回答问题为主，没有客观指标测量。在研究初期，笔者也曾考虑过如何测量客户参与，能否通过上市公司公开披露年报中通过与客户往来财务数据反映客户参与的程度，但随着研究的深入，发现要仔细刻画客户参与的行为和程度、企业自身的吸收能力难以通过年报一一得到查询，企业技术创新绩效的客观数据往往被认为带有企业的商业机密，因此本研究所有变量的测量全部采用了以主观回答问题为主方式，并在科学设计和信度效度检验上对问卷的科学性进行了验证，企业自身的吸收能力、技术创新绩效采用与同行业相比的相对值来衡量，没有用客观指标测量，而研究中的这些变量能否采用客户指标测量还有待验证。

7.2.4 未来研究展望

笔者在调研中发现，很多企业在新产品开发中不仅有客户参与，还有零部件等供应商一同参与进行研发、提供解决方案供企业参考，未来的研究中，可以把供应商参与单独进行研究，或者把供应商、客户一同作为利益相关者来研究。企业的供应商参与如何测量，其影响企业技术创新绩效的机制和企业的客户参与有何异同，其中还有什么影响因素，都是后续研究中需要具体解决的问题。

新产品开发的确是一项非常艰难而又长期的工作，需要花费大量资金和资源，并且一次成功率非常低，笔者在调研中，很多企业普遍提出，在新产品开发中，从创意前端阶段一直走到商业化阶段是非常难的，在这中间，如遇到资金、管理、产品开发关口评价发现存在问题，就不得不中途放弃新产品开发。很多企业建议由多个企业协同进行新产品开发，协同体中的每个企业发挥各自优势，专注完成在新产品开发中自己擅长的环节或阶段，可以减少每个企业的不确定性风险，这项建议在我国企业进入产业升级和转型中显得特别有意义。这项来源于实践的课题也值得后续去深入研究。

希望本研究所做的工作能供同行参考、批评、检验，也希望本研究能得到后续研究者的补充和修正。

参考文献

[1]Abrunhosa A,Sa P M E. Are TQM principles supporting innovation in the Portuguese footwear industry? [J]. Technovation,2008,28(4):208-221.

[2]Adler P S,Kwon S. Social capital:Prospects for a new concept [J]. Academy of Management Review,2002,27(1):17-40.

[3]Afuah A N. Innovation management:Strategic,implementation and profit [M]. London:Oxford University Press,1998:3-15.

[4]Ahuja G,Katila R. Technological acquisitions and the innovation performance of acquiring firms:A longitudinal study [J]. Strategic Management,2001,22(3):197-220.

[5]Aiken L,West S. Multiple regression:Testing andinterpreting interactions [M]. London:Sage,1991.

[6]Akbar Z,Bill M,Vincenzo P. Does trust matter? Exploring the effects of interorganizational and interpersonal trust on performance [J]. Organization Science,1998,9(2):141-159.

[7]Alegre J,Chiva R. Assessing the impact of organizational learning capacity on product innovation performance:An empirical test [J]. Technovation,2008,28(6):315-326.

[8]Alison E L. The role of culture on customer participation in services [D]. Hong Kong:The Hong Kong Polytechnic University,2003.

[9]Amit R,Schoemaker P J H. Strategic assets and organizational rent [J]. Strategic Management Journal,1993,14(1):33-46.

[10]Antal A B,Dierkes M,Haehner K. Business in society:Perceptions and principles in organizational learning [J]. Journal of General Management,1994,20(2):55-77.

[11]Ar I M,Baki B. Empirical evidence from SEMs located in Turkish science and technolo-

gy parks [J]. European Journal of Innovation Management,2011,14(2):172-206.

[12]Archibrugi D,Pianta M. Measuring technological change through patents and innovation surveys [J]. Technovation,1996,16(9):451-468.

[13]Armstrong C E, Lengnick-Hall C A. The Pandora's Box of social integration mechanisms:Can they make it more difficult to realize absorptive capacity? [J]. Journal of Strategy and Management,2013,6(1):4-26.

[14]Atuahene-Gima K. The effects of centrifugal and centripetal forces on product development speed and quality:How does problem solving matter [J]. Academy of Management Journal, 2003,46(3):359-373.

[15]Augier P,Cadot O,Dovis M. Imports and TFP at the firm level:The role of absorptive capacity [J]. Canadian Journal of Economics,2013,46(3):956-981.

[16]Baker W E. Market networks and corporate behavior [M]. American Journal of Sociology,1990:96.

[17]Barney J B. Firm resources and sustained competitive advantage [J]. Journal of Management,1991,17(1):99-120.

[18]Barney J B. Strategic factor markets: Expectations, luck, and business strategy [J]. Management Science,1986,32(10):1231-1241.

[19]Bateson J E G. Self-service consumer: An exploratory study [J]. Journal of Retailing, 1985,61(3):49-76.

[20]Becker S O,Egger P H,Ehrlich M. Absorptive capacity and the growth and investment effects of regional transfers: A regression discontinuity design with heterogeneous treatment effects [J]. Economic Policy,2013,5(4):29-77.

[21]Behrens J, Ernst H. What keeps managers away from a losing course of action? Go/Stop decisions in new product development [J]. 2014,31(2):361-374.

[22]Bell G G. Clusters, networks, and firm innovativeness [J]. Strategic Management Journal,2005,26(3):287-295.

[23]Bentler P M,Chou C P. Practical issues in structural modeling [J]. Sociological Methods & Research,1987,16:78-117.

[24]Bertrand O, Mol M J. The antecedents and innovation effects of domestic and offshore R&D outsourcing:The contingent impact of cognitive distance and absorptive capacity [J]. Strategic Management Journal,2013,34(6):751-760.

[25]Bettencourt L A. Customer voluntary performance:Customers as partners in service delivery [J]. Journal of Retailing,1997,73(3):383-406.

[26] Bishop K, D'Este P, Neely A. Gaining from interactions with universities: Multiple

methods for nurturing absorptive capacity [J]. Research Policy, 2011, 40(1): 30-40.

[27]Booth R. The measurement of intellectual capital [J]. Management Accounting, 1998, 76(10): 63-72.

[28]Boschma R A, Terwal A L J. Knowledge networks and innovative performance in an industrial district: The case of a footwear district in the south of Italy [J]. Industry and Innovation, 2007, 14(2): 177-199.

[29]Bourdieu P. Handbook of theory and research for the sociology of education [M]. The Forms of Capital. In: J G Richardson (ed.) New York: Greenwood Press, 1985, 241-258.

[30]Bowen D E, Schneider B. Boundary-spanning role employees and the service encounter: Some guidelines for management and research [A]. Czepiel J A, Solomon M R, Surprenant C F (Eds.). The Service Encounter [M]. Lexington: Lexington Books MA, 1985: 127-148.

[31]Bryman A, Cramer D. Quantitative data analysis with SPSS for Windows [M]. London: Routledge, 1997.

[32]Buckley P J, Park B I. Realised absorptive capacity, technology acquisition and performance in international collaborative formations: An empirical examination in the Korean context [J]. Aisa Pacific Business Review, 2014, 20(1): 109-135.

[33]Burt R S. Structural holes versus network closure as social capital [J]. Theory and Research, 2001: 31-56.

[34]Burt R S. Structural holes: The social structure of competition [M]. Cambridge, MA: Harvard University Press, 1992.

[35]Caird S, Hallett S, Potter S. The Open2-Innovation tool-A software tool for rating organisational innovation performance [J]. Technovation, 2013, 33(10-11): 381-385.

[36]Cao Y, Zhao L. Analysis of patent management effects on technological innovation performance [J]. Batic Journal of Management, 2013, 8(3): 286-305.

[37]Castellacci F, Natera J M. The dynamics of national innovation systems: A panel cointegration analysis of the coevolution between innovative capability and absorptive capacity [J]. Research Policy, 2013, 42(3): 579-594.

[38]Catozzella A, Vivarelli M. Beyond absorptive capacity: In-house R&D as a driver of innovative complementarities [J]. Applied Economics Letters, 2014, 21(1): 39-42.

[39]Cepeda C G, Cegarra N J G, Jimenez J D. The effect of absorptive capacity on innovativeness: Context and information systems capability as catalysts [J]. British Journal of Management, 2012, 23(1): 110-129.

[40]Cermak D S P, File K M, Prince R A. Customer participation in services specification and delivery [J]. Journal of Applied Business Research, 1994, 10(2): 90-97.

[41]Chalmers D M, Balan V E. Innovating not-for-profit social ventures: Exploring the microfoundations of internal and external absorptive capacity routines [J]. International Small Business Journal, 2013, 31(7): 785-810.

[42]Chang S, Gong Y P, Way S A, et al. Flexibility-oriented HRM systems, absorptive capacity, and market responsiveness and firm innovativeness [J]. Journal of Management, 2013, 39 (7): 1924-1951.

[43]Chang Y C, Chang H T, Chi H R, et al. How do established firms improve radical innovation performance? The organizational capabilities view [J]. Technovation, 2013, 32(7-8): 441-451.

[44]Chase R B. Where does the customer fit in a service organization [J]. Harvard Business Review, 1978, 56(6): 137-142.

[45]Chen C J. The effects of knowledge attribute, alliance characteristic, and absorptive capacity on knowledge transfer performance [J]. R&D Management, 2004, 34(3): 311-321.

[46]Chen J Z, Zhao H, Xie H Y. Measuring intellectual capital: A new model and empirical study [J]. Journal of Intellectual Capital, 2004, 5(1): 195-212.

[47]Cheng K F. Consumer participation in service production: A conceptual model and empirical study [D]. Columbia, University of Missouri, 1995.

[48]Choi S B, Il Park B, Hong P. Does ownership structure matter for firm technological innovation performance? The case of korean firms [J]. Corporate Governance-An International Review, 2012, 20(3): 267-288.

[49]Chuang Y S, Hobday M. Technological upgrading in Taiwan's TFT-LCD industry: Signs of a deeper absorptive capacity? [J]. Technology Analysis & Strategic Management, 2013, 25(9): 1045-1066.

[50]Chung S, Singh H, Lee K. Complementarily, stratus similarity and social capital as drivers of alliance formation [J]. Strategic Management Journal, 2000, 21: 1-22.

[51]Churchill G A. A paradigm for developing better measures of marketing constructs [J]. Journal of Marketing Research, 1979, 16(1): 64-73.

[52]Clausen T H. External knowledge sourcing from innovation cooperation and the role of absorptive capacity: Empirical evidence from Norway and Sweden [J]. Technology Analysis & Strategic Management, 2013, 25(1): 57-70.

[53]Claycomb C, Hall L, Cynthia A, et al. The customer as a productive resource: A pilot study and strategic implications [J]. Journal of Business Strategies, 2001, 18(1): 47-69.

[54]Cohen W M, Levinthal D A. Absorptive capacity: A new perspective on learning and innovation [J]. Administrative Science Quarterly, 1990, 35(1): 128-152.

[55]Cohen W M, Levinthal D A. Innovation and learning: The two faces of R&D [J]. The Economic Journal, 1989, 99(397): 569-596.

[56]Coleman J S. Foundation of social Theory [M]. Cambridge: Harvard University Press, 1990.

[57]Coleman J S. Social capital in the creation of human capital [J]. The American Journal of Sociology, 1988, 95-120.

[58]Collis D J, Montgomery C A. Competing on resources: Strategy in the 1990s [J]. Harvard Business Review, 1995, 73(4): 118-128.

[59]Cooper R G. The strategy-performance link in product innovation [J]. R&D Management, 1984, 14(4): 247-259.

[60]Corner K R. A Historical comparison of resources-based theory and five schools of thought within industrial organization economics: Do we have a new theory of the firm? [J]. Journal of Management, 1991, 17(1): 121-154.

[61]Daft R L. A dual-core model of organizational innovation [J]. Academy of Management Journal, 1978, 21 (2): 193-210.

[62]Daghfous A. Absorptive capacity and the implementation of knowledge-intensive best practices [J]. Advanced Management Journal, 2004, 69(2): 21-27.

[63]Dahiyat S E, Al Z M F. The role of knowledge acquisition in facilitating customer involvement in product development: Examining the mediation effect of absorptive capacity [J]. International Journal of Learning and Change, 2012, 6(3-4): 171-206.

[64]Dai M, Yu M J. Firm R&D, absorptive capacity and learning by exporting: Firm-level evidence from China [J]. World Economy, 2013, 36(9): 1131-1145.

[65]Dai Z H, Zeng S X, Meng X H. Research of enterprises'innovatively absorptive capacity embedded customers'involvement [J]. Industrial Engineering and Management, 2011, 16(2): 123-138.

[66]Damanpour F. Organizational innovation: A meta-analysis of effects of determinants and moderators [J]. Academy of Management Journal, 1991, 34(3): 555-590.

[67]Damanpour F, Evan W M. Organizational innovation and performance: The problem of "Organizational Lag" [J]. Administrative Science Quarterly, 1984, 29(3): 392-409.

[68]De Jong J P J, Freel M. Absorptive capacity and the reach of collaboration in high technology small firms [J]. Research Policy, 2010, 39(1): 47-54.

[69]De Visser M, de Weerd-Nederhof P, Faems D, et al. Structural ambidexterity in NPD processes: A firm-level assessment of the impact of differentiated structures on innovation performance [J]. Technovation, 2009, 32(5): 282-292.

[70]Delmas M A, Toffel M W. Organizational response to environmental demands: Opening the Black Box [J]. Strategic Management Journal, 2008, 29: 1027-1055.

[71]DeVellis, Robert F. Scale development: Theory and applications [M]. Thousand Oaks, CA: Sage (on building Likert scales), 2003.

[72]Djelassi S, Decoopman I. Customers' participation in product development through crowdsourcing: Issues and implications [J]. Industrial Marketing Management, 2013, 42(5): 683-692.

[73]Duysters G, Lokshin B. Determinants of alliance portfolio complexity and its effect on innovative performance of companies [J]. Journal of Product Innovation Management, 2011, 28 (4): 570-585.

[74]Dyer J H. Specialized supplier networks as source of competitive advantage: Evidence from auto industry [J]. Strategy Management Journal, 1996, 17: 187-201.

[75]Dyer J H, Singh H. The relational view: Cooperative strategy and sources of interorganizational competitive advantage [J]. Academy of Management Review, 1998, 23(4): 660-679.

[76]Ebers M, Maurer I. Connections count: How relational embeddedness and relational empowerment foster absorptive capacity [J]. Research Policy, 2014, 43(2): 318-332.

[77]Edvinsson L, Malone M S. Intellectual capital: Realizing your company's true value by finding its hidden brainpower [M]. NY: Harper Business, 1997.

[78]Eiriz V, Barbosa N, Lima V. Differences of absorptive capacity between firms within a cluster [J]. Transformations in Business & Economics, 2013, 12(3): 203-214.

[79]Eisingerich A B, Auh S, Merlo O. Actanon verba? The role of customer participation and word of mouth in the relationship between service firms' customer satisfaction and sales performance [J]. Joural of Service Research, 2014, 17(1): 40-53.

[80]Ellickson R. Order without law: How neighbors settle disputes [M]. Cambridge, MA: Harvard University Press, 1991.

[81]Ennew C T, Binks M R. Impact of participative service relationships on quality, satisfaction and retention: An exploratory study [J]. Journal of Business Research, 1999, 46(2): 121-132.

[82]Eriksson K, Chetty S. The effect of experience and absorptive capacity on foreign market knowledge [J]. International Business Review, 2003, 12(6): 673-695.

[83]Ernst H. Patent applications and subsequent changes of performance: Evidence from time-series cross-section analyses on the firm level [J]. Research Policy, 2001, 30(1): 143-157.

[84]Exposito L M, Molina M F X, Capo V J. New product development and absorptive capacity in industrial districts: A multidimensional approach [J]. Regional Studies, 2011, 45(3): 319-331.

[85]Fang E. Customer participation and the trade-off between new product innovativeness and speed to market [J]. Journal of Marketing,2008,72(4):90-104.

[86]Fang E,Palmatier R W,Evans K R. Influence of customer participation on creating and sharing of new product value [J]. Journal of the Academy of Marketing Science,2008,36(3):322-336.

[87]Fernhaber S A,Patel P C. How do young firms manage product portfolio complexity? The role of absorptive capacity and ambidexterity [J]. Strategic Management Journal,2012,33(13):1516-1539.

[88]File K M,Juddy B B,Prince R A. Interactive marketing:The influence of participation on positive word-of-mouth and referrals [J]. Journal of Services Marketing,1992,6(4):5.

[89]Flatten T C,Engelen A,Zahra S A, et al. A measure of absorptive capacity:Scale development and validation [J]. European Management Journal,2011,29(2):98-116.

[90]Flatten T C,Greve G I,Brettel M. Absorptive capacity and firm performance in SMEs:The mediating influence of strategic alliances [J]. European Management Review,2011,8(3):137-152.

[91]Flor M L,Oltra M J. An exploratory analysis of the relationship between absorptive capacity and business strategy [J]. Technology Analysis & Strategic Management,2013,25(9):1103-1117.

[92]Fores B,Camison C. The complementary effect of internal learning capacity and absorptive capacity on performance:The mediating role of innovation capacity [J]. International Journal of Technology Management,2011,55(1-2):56-81.

[93]Fornell C,Larcker D F. Evaluating structural equation models with unobservable variables and measurement error [J]. Journal of Marketing Research,1981,18(1):39-50.

[94]Fornell C, Tellis G J, Zinkhan G M. Validity assessment: A structural equations approach using partial least squares. In:Walker B J,Bearden,W O,Darden W R,et al. (eds)an assessment of marketing thought and practice [M]. American Marketing Association:Chicago,IL,1982:405-409.

[95]Fosfuri A,Tribo J A. Exploring the antecedents of potential absorptive capacity and its impact on innovation performance [J]. Omega,2008,36(2):173-187.

[96]Franke N,Shah S. How communities support innovative activities:An exploration of assistance and sharing among end-users [J]. Research Policy,2003,32:157-178.

[97]Freeman C,Soete L. The economics of industrial innovation [M]. MIT Press,1997.

[98]Frishammar J,Horte S A. Managing external information in manufacturing firm:The impact on innovation performance [J]. Journal Product Innovation Management,2005,22(3):251-

266.

[99]Gebauer H, Worch H, Truffer B. Absorptive capacity, learning processes and combinative capabilities as determinants of strategic innovation [J]. European Management Journal, 2012, 30(1):57-73.

[100]Gemünden H G, Ritter T, Heydebreck P. Network configuration and innovation success: An empirical analysis in German high-tech industries [J]. International Journal of Research in Marketing, 1996, 13(5):449-462.

[101]Gopalakrishnan S. A review of innovation research in economics, sociology and technology management [J]. The International Journal of Management Science, 1997, 25(1):15-28.

[102]Gorsuch R. Factor analysis [M]. Hillsdale, NJ: L. Erlbaum Associates, 1983.

[103]Grant R M. The resource-based theory of competitive advantage: Implications for strategy formulation [J]. California Management Review, 1991, 33(3):114-135.

[104]Griliches Z. Productivity, R&D, and the data constrain [J]. American Economic Review, 1994, 84(1):1-23.

[105]Grimpe C, Sofka W. Search patterns and absorptive capacity: Low-and high-technology sectors in European countries [J]. Research Policy, 2009, 38(3):495-506.

[106]Gronroos C. An applied service marketing theory [J]. European Journal of Marketing, 1982, 16(7):30-41.

[107]Gulati R. Network location and learning: The influence of network resources and firm capabilities on alliance formation [J]. Strategic Management Journal, 1999, 20:397-420.

[108]Gunawan J, Rose E L. Absorptive capacity development in Indonesian exporting firms: How do institutions matter? [J]. International Business Review, 2014, 23(1):45-54.

[109]Gutierrez, L J G, Bustinza O F, Molina V B. Six sigma, absorptive capacity and organisational learning orientation [J]. International Journal of Production Research, 2012, 50(3):661-675.

[110]Haartman R. Do customers improve new product development efficiency? Revealing the impact of manufacturing-based absorptive capacity [J]. International Journal of Business Performance Management, 2013, 14(2):149-165.

[111]Hagedoorn J, Cloodt M. Measuring innovative performance: Is there an advantage in using multiple indicators? [J]. Research Policy, 2003, 32(8):1365-1379.

[112]He Z L, Wong P K. Exploration vs. exploitation: An empirical test of the ambidexterity hypothesis [J]. Organization Science, 2004, 15(4):481-494.

[113]Hernandez-Espallardo M, Molina-Castillo F J, Rodriguez-Orejuela. A learning processes, their impact on innovation performance and the moderating role of radicalness [J]. European

Journal of Innovation Management,2012,15(1):77-98.

[114]Herstatt C,Hippel E V. From experience:Developing new product concepts via the lead user method:A case study in a low tech field [J]. Journal of Product Innovation Management,1992,9(3):213-221.

[115]Hervas O J L,Albors G J,De-Miguel B,et al. The role of a firm's absorptive capacity and the technology transfer process in clusters:How effective are technology centres in low-tech clusters? [J]. Entrepreneurship and Regional Development,2012,24(7-8):523-559.

[116]Hippel E V. Lead users:A source of novel product concept [J]. Management Science,1986,32(7):791-805.

[117]Hippel E V. The sources of innovation [M]. Oxford University Press,1988.

[118]Ho H,Ganesan S. Does knowledge base compatibility help or hurt knowledge sharing between suppliers in coopetition? The role of customer participation [J]. Journal of Marketing,2013,77(6):91-107.

[119]Hotho J J,Becker R F,Saka H A. Enriching absorptive capacity through social interaction [J]. British Journal of Management,2012,23(3):383-401.

[120]Hsieh A T,Yen C H. The effect of customer participation on service providers' job stress [J]. Service Industries Journal,2005,25(7):891-905.

[121]Hurmelinna-Laukkanen P,Olander H. Coping with rivals' absorptive capacity in innovation activities [J]. Technovation,2014,34(1):3-11.

[122]Hurmelinna-Laukkanen P,Olander H,Blomqvist K,et al. Orchestrating R&D networks:Absorptive capacity,network stability,and innovation appropriability [J]. European Management Journal,2012,30(6):552-563.

[123]Hyvarinen L. Customer participation in innovation processes of inventors and SMEs [J]. International Journal of Technology Marketing,2011,6(2):148-161.

[124]Inkpen A C. Learning through joint ventures:A framework of knowledge acquisition [J]. Journal of Management Studies,2000,37(7):1019-1044.

[125]Jimenez B M M,Garcia M V J,Molina L M. Validation of an instrument to measure absorptive capacity [J]. Technovation,2011,31(5-6):190-202.

[126]Jimenez C D ,Sanchez P M. Market knowledge absorptive capacity:A measurement scale [J]. Information Research,2013,18(4).

[127]Jocob F,Oetting M. How customer participation can trigger world-of-mouth [J]. Betriebswirt Schaftliche Forschung Und Praxis,2012,64(5):544-561.

[128]Jordaan J A. Firm heterogeneity and technology transfers to local suppliers:Disentangling the effects of foreign ownership,technology gap and absorptive capacity [J]. Journal of Inter-

national Trade & Economic Development,2013,22(1):71-93.

[129]Katila R,Ahuja G. Something old,something new:A longitudinal study of search behavior and new product introduction [J]. The Academy of Management Journal,2002,45(6):1183-1194.

[130]Kauppi K,Brandon J A,Ronchi S,et al. Tools without skills:Exploring the moderating effect of absorptive capacity on the relationship between e-purchasing tools and category performance [J]. International Journal of Operations & Production Management,2013,33(7):828-857.

[131]Keller W. Absorptive capacity:On the creation and acquisition of technology in development [J]. Journal of Development Economics,1996,49(1):199-227.

[132]Kelley S W,Donnelly J H,Skinner S J. Customer participation in service production and delivery [J]. Journal of Retailing,1990,66(3):315-335.

[133]Kellogg D L,Youngdahl W E,Bowen D E. On the relationship between customer participation and satisfaction:Two frameworks [J]. International Journal of Service Industry Management,1997,8(3):206-219.

[134]Kennedy P. A guide to economics [M]. Cambridge,MA:MIT Press,2003.

[135]Kim C S,Inkpen A C. Cross-border R&D alliances,absorptive capacity and technology learning [J]. Journal of International Management,2005,11(3):313-329.

[136]Kim L. Crisis construction and organizational learning:Capability building in catching-up at Hyundai Motor [J]. Organization Science,1998,9(4):506-521.

[137]Kim L. The dynamics of Samsung's technological learning in semiconductors [J]. California Management Review,1997a,39(3):86-100.

[138]Kim L. From imitation to innovation:The dynamics of Korea's technological learning [M]. Cambridge,MA:Harvard Business Review Press,1997b.

[139]Kim L. The dynamics of technological learning in industrialization [J]. International Social Science Journal,2001,53(168):297-308.

[140]Kimmy W C,Yim C K,Lam S S K. Is customer participation in value creation a double-edged sword? Evidence from professional financial services across cultures [J]. Journal of Marketing,2010,74(3):48-64.

[141]Kline R B. Principles and practice of structural equation modeling [M]. New York:The Guilford Press,1998.

[142]Knight K E A descriptive model of intra-firm innovation process [J]. Journal of Business,1967,40(4):478-496.

[143]Kohler C,Sofka W,Grimpe C. Selective search,sectoral patterns,and the impact on product innovation performance [J]. Research Policy,2012,41(8):1344-1356.

[144]Kostopoulos K,Papalexandris A,Papachroni M,et al. Absorptive capacity,innovation, and financial performance [J]. Journal of Business Research,2011,64(12):1335-1343.

[145]Kotabe M,Jiang C X,Murray J Y. Managerial ties,knowledge acquisition,realized absorptive capacity and new product market performance of emerging multinational companies: A case of China [J]. Journal of World Business,2011,46(2):166-176.

[146]Kotler P. From mass marketing to mass customization [J]. Strategy & Leadership, 1989,17(5):10-47.

[147]Kumar S,Chattopadhyaya S,Sharma V. Sustainable supply chain: Vendor and customer participation [J]. International Journal of Modeling in Operations Management,2012,2(4):360-377.

[148]Lane P J,Koka B,Pathak S. A thematic analysis and critical assessment of absorptive capacity research [C]. Academy of Management Proceedings,2002,335-350.

[149]Lane P J,Koka B,Pathak S. The reification of absorptive capacity: A critical review and rejuvenation of the construct [J]. Academy of Management Review,2006,31(4):833-863.

[150] Lane P J, Lubatkin M. Relative absorptive capacity and interorganizational learning [J]. Strategy Management Journal,1998,19(5):461-477.

[151]Lane P J,Salk J E,Lyles M A. Absorptive capacity,learning,and performance in international joint ventures [J]. Strategic Management Journal,2001,22(12):1139-1161.

[152]Laurent G,Kapferer J. Measuring consumer involvement profiles [J]. Journal of Marketing Research,1985,22(1):41-53.

[153]Lavie D. The interconnected firm: Evolution,strategy,and performance [D]. University of Pennsylvania,2004.

[154]Leana C,Buren V. Organizational social capital and employment practices [J]. Academy of Management Review,1999,24(3):538-555.

[155]Lee S C,Liang H M,Liu C Y. The effects of absorptive capacity,knowledge sourcing strategy and alliance forms on firm performance [J]. Service Industries Journal,2010,30(14): 2421-2440.

[156]Leiponen A,Helfat C E. Innovation objectives,knowledge sources,and the benefits of breadth [J]. Strategic Management Journal,2010,31(2):224-236.

[157]Lengnick-Hall C A. Customer contributions to quality: A different view of the customer-oriented firm [J]. Academy of Management Review,1996,21(3):791-824.

[158]Leonard D,Sensiper S. The role of tacit knowledge in group innovation [J]. California Management Review,1998,40(3):112-132.

[159]Leonard-Barton D. Wellsprings of knowledge [M]. Boston: Harvard Business School

Press,1995.

[160]Li X B. Sources ofexternal technology,absorptive capacity,and innovation capability in Chinese state-owned high-tech enterprises [J]. World Development,2011,39(7):1240-1248.

[161]Liao T J,Yu C M. The impact of local linkages,international linkages,and absorptive capacity on innovation for foreign firms operating in an emerging economy [J]. Journal of Technology Transfer,2013,38(6):809-827.

[162]Lin B W. Knowledge diversity as a moderator:Inter-firm relationships,R & D investment and absorptive capacity [J]. Technology Analysis & Strategic Management,2011,23(3):331-343.

[163]Lin C H,Wu Y J,Chang C C,et al. The alliance innovation performance of R&D alliances-the absorptive capacity perspective [J]. Technovation,2012,32(5):282-292.

[164]Lin G C S,Wang C C,Zhou Y,et al. Placing technological innovation in globalising China:Production linkage,knowledge exchange and innovative performance of the ICT industry in a developing economy [J]. Urban Studies,2011,48(14):2999-3018.

[165]Lin M F F,Huang C H. The impact of customer participation on NPD performance:The mediating role of inter-organization relationship [J]. Journal of Business & Industrial Marketing,2013,28(1):3-15.

[166]Liu H F,Ke W L,Wei K K,et al. The impact of IT capabilities on firm performance:The mediating roles of absorptive capacity and supply chain agility [J]. Decision Support Systems,2013,54(3):1452-1462.

[167]Liu L. External network and enterprise performance:The mediate role of absorptive capacity [J]. Journal of Convergence Information Technology,2013,8(2):1-8.

[168]Liu L,Xin Q. Absorptive capacity and enterprise performance:An empirical study [J]. Journal of Convergence Information Technology,2013,8(3):829-836.

[169]Liu T L. Enhancement of customer network relationship via governance mechanism of inter-organizational core resource and core knowledge strategic alliance [J]. Journal of American Academy of Business,2004,12(5):220-229.

[170]Liu X F,Wang J B,Ji D K. Network characteristics,absorptive capacity and technological innovation performance [J]. International Journal of Technology,Policy and Management,2011,11(2):97-113.

[171]Lloyd A E. The role of culture on customer participation in services [D]. The Hong Kong Polytechnic University,2003.

[172]Lloyd C,King R. Consumer and carer participation in mental health services [J]. Australasian Psychiatry,2003,11(2):180-184.

[173]Lovelock C H. Classifying services to gain strategic marketing insights [J]. Journal of Marketing, 1983, 47(2): 9-20.

[174]Luo J L. Absorptive capacity and R&D strategy in mixed duopoly with labor-managed and profit-maximizing firms [J]. Economic Modeling, 2013, 31: 433-439.

[175]Luo Y. Partner selection and venturing success: The case of joint ventures with firms in the People's Republic of China [J]. Organization Science, 1997, 8(6): 648-662.

[176]Luteberget A. Customer involvement in new service development: How does customer involvement enhance new service success [D]. Agder University, 2005.

[177]Luthje C. Characteristics of innovating users in a consumer goods field, an empirical study of sport related product consumers [D]. MIT Sloan School of Management, 2000.

[178]McEvily B, Mareus A. Embedded ties and the acquisition of competitive capabilities [J]. Strategic Management Journal, 2005, 26(11): 1033-1055.

[179]McEvily B, Zaheer A. Bridging ties: A source of firm heterogeneity in competitive capabilities [J]. Strategic Management Journal, 1999, 20(12): 1133-1156.

[180]Melkas H, Uotila T, Kallio A. information quality and absorptive capacity in service and product innovation processes [J]. Journal of Information, Knowledge and Management, 2010, 5: 357-374.

[181]Merigo J M, Rocha C, Garcia-Agreda S. Entrepreneurial intervention in electronic markets: The influence of customer participation [J]. International Enterpreneurship and Management Joural, 2013, 9(4): 521-529.

[182]Michailova S, Jormanainen I. Knowledge transfer between Russian and western firms: Whose absorptive capacity is in question? [J]. Critical Perspectives on International Business, 2011, 7(3): 250-270.

[183]Michie J. Introduction. The Internationalization of the innovation process [J]. International Journal of the Economics of Business, 1998, 5(3): 261-277.

[184]Mills P K, Morris J H. Clients as "partial" employees of service organizations: Role development in client participation [J]. Academy of Management Review, 1986, 11(4): 726-735.

[185]Minbaeva D, Pedersen T, Bjorkman I, et al. MNC knowledge transfer, subsidiary absorptive capacity and HRM [J]. Journal of International Business Studies, 2014, 45(1): 38-51.

[186]Minbaeva D B, Pedersen T, Bjorkman I, et al. A retrospective on: MNC knowledge transfer, subsidiary absorptive capacity, and HRM [J]. Journal of International Business Studies, 2014, 45(1): 56-62.

[187]Moos B, Beimborn D, Wagner H T, et al. The role of knowledge management systems for innovation: An absorptive capacity perspective [J]. International Journal of Innovation Man-

agement,2013,17(5):1350019.

[188]Mowery D C,Oxley J E. Inward technology transfer and competitiveness:The role of national innovation systems [J]. Cambridge Journal of Economics,1995,19(1):67-93.

[189]Mowery D C,Oxley J E,Silverman B S. Strategic alliances and interfirm knowledge transfer [J]. Strategic Management Journal,1996,17:77-91.

[190]Mukherji N,Silberman J. Absorptive capacity,knowledge flows,and innovations in US metropolitan areas [J]. Journal of Regional Science,2013,53(3):392-417.

[191]Murovec N,Prodan L. Absorptive capacity,its determinants,and influence on innovation output cross-cultural validation of the structural model [J]. Technovation,2009,29(12):859-872.

[192]Nahapiet J,Ghoshal S. Social capital,intellectual capital and the creation of value in firms [J]. Academy of Management Best Paper Proceedings,1997:35-39.

[193]Nahapiet J,Ghoshal S. Social capital,intellectual capital,and organizational advantage [J]. Academy of Management Review,1998,23(2):242-266.

[194]Nambisan S. Industry technical committees,technological distance,and innovation performance [J]. Research Policy,2013,42(4):928-940.

[195]Natti S,Hurmelinna-Laukkanen P,Johnston W J. Absorptive capacity and network orchestration in innovation communities - promoting service innovation [J]. Journal of Business&Industrial Marketing,2014,29(2):173-184.

[196]Newey L,Verreynne M L. Multilevel absorptive capacity and interorganizational new product development:A process study [J]. Journal of Management & Organizaiton,2011,17(1):39-55.

[197]Ng D. Thinking outside the box:An absorptive capacity approach to the product development process [J]. Intgtrnational Food and Agribusiness Management Review,2011,14(3):67-93.

[198]Ngo L V,O'Cass A. Innovation and business success:The mediating role of customer participation [J]. Journal of Business Research,2013,66(8):1134-1142.

[199]Nieto M,Quevedo P. Absorptive capacity,technological opportunity,knowledge spillovers,and innovative effort [J]. Technovation,2005,25(10):1141-1157.

[200]Nohria N,Gulati R. Is slack good or bad for innovation? [J]. Academy of Management Journal,1996,39(5):1245-1264.

[201]Nonaka I. A dynamic theory of knowledge creation [J]. Organization Science,1994,5(1):14-37.

[202]Nonaka I,Takeuehi H. Theknowledge creating company [M]. New York:Oxford Uni-

versity Press,1995.

[203]Panne G V D,Beers C V,Kleinknecht A. Success and failure of innovation:A literature review [J]. International Journal of Innovation Management,2003,7(3):1-30.

[204]Parjanen S,Melkas H,Uotila T. Distances knowledge brokerage and absorptive capacity in enhancing regional innovativeness: A qualitative case study of Lahti Region, Finland [J]. European Planning Studies,2011,19(6):921-948.

[205]Perdomo-Ortiz J,Gonzalez-Benito J,Galende J. total quality management as a forerunner of business innovation capability [J]. Technovation,2006,26(10):1170-1185.

[206]Pfeffer J,Salancik G R. The external control of organizations: A resource dependence perspective [M]. New York,NY:Harper and Row,1978.

[207]Pine B J,Gilmore J H. Welcome to the experience economy [J]. Harvard Business Review,1998,76:97-105.

[208]Poldahl A. The two faces of R&D:Does firm absorptive capacity matter? [J]. Journal of Industry,Competition and Trade,2012,12(2):221-237.

[209]Posen H E,Chen J S. An advantage of newness:Vicarious learning despite limited absorptive capacity [J]. Organization Science,2013,24(6):1701-1716.

[210]Prahalad C K ,Ramaswamy V. Co-opting customer competence [J]. Harvard Business Review,2000,78(l):79-87.

[211]Prajogo D I,Ahmed P K. Relationships between innovation stimulus,innovation capacity,and innovation performance [J]. R&D Management,2006,5(36):499-515.

[212]Prajogo D I,Sohal A S. The relationship between TQM practices,quality performance and innovation performance:An empirical examination [J]. International Journal of Quality & Reliability Management,2003,20(8):901-918.

[213]Pullen A J J,de Weerd-Nederhof P C,Groen A J,et al. M. Open innovation in practice: Goal complementarity and closed NPD networks to explain differences in innovation performance for SMEs in the medical devices sector[J]. Journal of Product Innovation Management,2012,29(6):917-934.

[214]Putnam R D. Making democracy work:Civic traditions in modern Italy [M]. Princeton:Princeton University Press,1993.

[215]Reed A. Determinants of successful organization innovation: A review of current research [J]. Journal of Management Practice,2000,3(1):95-119.

[216]Reichheld F F, Sasser W E. Zero defections: Quality comes to services [J]. Harvard Business Review,1990,68(5):105-111.

[217]Revilla E,Saenz M J,Knoppen D. Towards an empirical typology of buyer-supplier re-

lationships based on absorptive capacity [J]. International Journal of Production Research, 2013, 51(10): 2935-2951.

[218]Ritala P, Hurmelinna L P. Incremental and radical innovation in coopetition-the role of absorptive capacity and appropriability [J]. Journal of Product Innovation Management, 2013, 30 (1): 154-169.

[219]Ritter T. The networking company: Antecedents for coping with relationships and networks effectively [J]. Industrial Marketing Management, 1999, 28: 467-479.

[220]Ritter T, Gemünden H G. Network competence: Its impact on innovation success and its antecedents [J]. Journal of Business Research, 2003, 56(9): 745-755.

[221]Ritter T, Gemünden H G. The impact of a company's business strategy on its technological competence, network competence and innovation success [J]. Journal of Business Research, 2004, 57(5): 548-556.

[222]Ritter T, Wilkinson I F, Johnston W J. Measuring network competence: Some international evidence [J]. Journal of Business & Industrial Marketing, 2002, 17(213): 119-138.

[223]Robertson P L, Casali G L, Jacobson D. Managing open incremental process innovation: Absorptive Capacity and distributed learning [J]. Research Policy, 2012, 41(5): 822-832.

[224]Rocha F. Inter-firm technological cooperation: Effects of absorptive capacity, firm-size and specialization [J]. Economics of Innovation & New Technology, 1999, 8(3): 253-271.

[225]Rodi A R, Kleine S S. Customer participation in services production and delivery [J]. Handbook of Services Marketing and Management [C]. California: Sage Publications, Inc, 2000: 111-126.

[226]Roos G, Roos J. Measuring your company's intellectual performance [J]. Long Range Planning, 1997, 30(3): 413-426.

[227]Rothwell R. Successful industrial innovation: Critical factors for the 1990s [J]. R&D Management, 1992, 22(3): 221-239.

[228]Saraf N, Liang H G, Xue Y J, et al. How does organizational absorptive capacity matter in the assimilation of enterprise information systems? [J]. Information Systems Journal, 2013, 23 (3): 245-267.

[229]Schultz C, Salomo S, de Brentani U, et al. How formal control influences decision-making clarity and innovation performance [J]. Journal of Product Innovation Management, 2013, 30 (3): 430-447.

[230]Schumacker R E, Lomax R G. A beginner's guide to structural equation modeling [M]. Mahwah, NJ: Lawrence Erlgaum Associates, 1996.

[231]Service R W, Boockholdt J L. Factors leading to innovation: A study of managers' per-

spectives [J]. Creativity Research Journal,1998,11(4):295-307.

[232]Setia P,Patel P C. How information systems help create OM capabilities:Consequents and antecedents of operational absorptive capacity [J]. Journal of Operations Management,2013,31(6):409-431.

[233]Sharma S,Daniel E M,Gray C. Absorptive capacity and ERP implementation in Indian medium-sized firms [J]. Journal of Global Information Management,2012,20(4):54-79.

[234]Sidhu J S,Commandeur H R,Volberda H W. The multifaceted nature of exploration and exploitation:Value of supply,demand,and spatial search for innovation [J]. Organization Science,2007,18(1):20-38.

[235]Silpakit P, Fisk R P. Participatizing the service encounter: A theoretical framework [R]. Services Marketing in a Changing Environment,American Marketing Association,Chicago,IL,1985:117-121.

[236]Song J. Subsidiary absorptive capacity and knowledge transfer within multinational corporations [J]. Journal of International Business Studies,2014,45(1):73-84.

[237]Song M,Kawakami T,Stringfellow A. A cross-cational comparative study of senior management policy,marketing-manufacturing involvement,and innovation performance [J]. Journal of Product Innovation Management,2010,27(2):179-200.

[238]Spanos Y E. Absorptive capacity and the propensity to adopt advanced technology:The case of computer integrated manufacturing (CIM) systems [J]. International of Information Technology and Management,2012,11(4):323-346.

[239]Spender J C. Making knowledge the basis of a dynamic theory of the firm [J]. Strategic Management Journal,1996,17(52):45-62.

[240]Spender J C,Grant R M. Knowledge and the firm:Overview [J]. Strategic Management Journal,1996(17):5-9.

[241]Stock G N,Greis N P,Fischer W A. Absorptive capacity and new product development [J]. Journal of High Technology Management Research,2001,12(1):77-92.

[242]Su Z F,Ahlstrom D,Li J,et al. Knowledge creation capability,absorptive capacity,and product innovativeness [J]. R&D Management,2013,43(5):473-485.

[243]Subramanian A,Nilakanta S. Organizational innovativeness:Exploring the relationship between organizational determinants of innovation,types of innovations,and measures of organizational performance [J]. Omega,1996,24:631-647.

[244]Syakhroza A,Achjari D. The traditional vs. contemporary innovation processes:The pervasive role of networked innovation [J]. USAHAWAN,2002,2:43-47.

[245]Szulanski G. Exploring internal stickiness:Impediments to the transfer of best practice

within the firm [J]. Strategic Management Journal,1996,17(1):27-43.

[246]Tavani S N,Sharifi H,Ismail H S. A study of contingency relationships between supplier involvement,absorptive capacity and agile product innovation [J]. International Journal of Operations&Production Management,2014,34(1):65-92.

[247]Tavani S N,Sharifi H,Soleimanof S,et al. An empirical study of firm's absorptive capacity dimensions,supplier involvement and new product development performance [J]. International Journal of Production Research,2013,51(11):3385-3403.

[248]Teece D J,Pisano D,Shuen A. Dynamic capabilities and strategic management [J]. Strategic Management Journal,1997,18(7):509-533.

[249]Tidd J,Trewhella M J. Organizational and technological antecedents for knowledge acquisition and learning [J]. R&D Management,1997,27(4):359-375.

[250]Todorova G,Durisin B. Absorptive capacity:Valuing a reconceptualization [J]. Academy of Management Review,2007,32(3):774-786.

[251]Tsai K H. Collaborative networks and product innovation performance:Toward a contingency perspective [J]. Research Policy,2009,38(5):765-778.

[252]Tsai K H,Wang J C. External technology sourcing and innovation performance in LMT sectors:An analysis based on the Taiwanese technological innovation survey [J]. Research Policy,2009,38(3):518-526.

[253]Tsai W. Knowledge transfer in intra-organizational networks:Effects of network position and absorptive capacity on business unit innovation and performance [J]. Academy of Management Journal,2001,44(5):996-1004.

[254]Tsai W,Ghoshal S. Social capital and value creation:The role of intra firm networks [J]. Academy of Management Journal,1998,41(4):464-476.

[255]Tsai Y C. Effect of social capital and absorptive capacity on innovation in Internet marketing [J]. International Journal of Management,2006,23(1):157-166.

[256]Tsai Y H,Joe S W,Ding C G,et al. Modeling techonogical innovation performance and its determinants:An aspect of buyer-seller social capital [J]. Technological Forecasting and Social Change,2013,80(6):1211-1221.

[257]Tseng C Y,Pai D C,Hung C H. Knowledge absorptive capacity and innovation performance in KIBS [J]. Journal of Knowledge Management,2011,15(6):971-983.

[258]Turpin T,Ghimire A. The social dynamics underpinning telecentres in Nepal:Feedback and absorptive capacity in a national innovation system [J]. Science Technolgy and Society,2012,17(2):275-294.

[259]Urban G,Hippel E V. Lead user analyses for the development of new industrial prod-

ucts [J]. Management Science, 1988, 34(5): 569-582.

[260]Utterback J, Abernathy W. A dynamic model ofprocess and product innovation [J]. Omega, 1975, 3(6): 639-656.

[261]Uzkurt C. Customer participation in the service process: A model and research propositions [J]. International Journal of Services and Operations Management, 2010, 6(1): 17-37.

[262]Uzzi B. Social structure and competition in interfirm networks: The paradox of embeddedness [J]. Administrative Science Quarterly, 1997, 42(l): 35-67.

[263]Van Beers C, Zand F. R&D cooperation, partner diversity, and innovation performance: An empirical analysis [J]. Journal of Product Innovation Management, 2014, 31(2): 292-312.

[264]Van den Bosch F A J, Volberda H W, Boer D M. Coevolution of firm absorptive capacity and knowledge environment: Organization forms and combinative capabilities [J]. Organization Science, 1999, 10(5): 551-568.

[265]Veugelers R. Internal R & D expenditures and external technology sourcing [J]. Research Policy, 1997, 26(3): 303-315.

[266]Wales W J, Parida V, Patel P C. Too much of a good thing? Absorptive capacity, firm performance, and the moderating role of entrepreneurial orientation [J]. Strategic Management Journal, 2013, 34(5): 622-633.

[267]Wang C f, Han Y. Linking properties of knowledge with innovation performance: The moderate role of absorptive capacity [J]. Journal of Knowledge Management, 2011, 15(5): 802-819.

[268]Wang C F, Zhang P. The relationship between properties of knowledge, network topologies and firm innovation performance: Based on the perspective of absorptive capacity [J]. Information, 2012, 15(8): 3351-3364.

[269]Wang C H, Chin Y C, Tzeng G H. Mining the R&D innovation performance processes for high-tech firms based on rough set theory [J]. Technovation, 2010, 30(7-8): 447-458.

[270]Wang Y G, Wu J F, Yang Z L. Customer participation and project performance: The mediating role of knowledge sharing in the Chinese telecommunication service industry [J]. Journal of Business-to-business Marketing, 2013, 20(4): 227-244.

[271]Wernerfelt B. A resource-based view of the firm [J]. Strategic Management Journal, 1984, 5(2): 171-180.

[272]White H. A heteroskedasticity-consistent covariance matrix estimator and a direct test for heteroskedasticity [J]. Econometrica, 1980, 48(4): 817-838.

[273]Winter S G. Knowledge and competence as strategic assets [A]. in: D. J. Tweece(ed), The competitive challenge: Strategies for industrial innovation and renewal [M]. Ballinger pub-

lishing company,Cambridge,1987.

[274]Wolfe R A. Organizational innovation: Review, critique and suggested research directions [J]. Journal of Management,1994,31(3):405-432.

[275]Wong V,Shaw V,Sher P J. Intra-firm learning in technology transfer:A study of Taiwanese information technology firms [J]. International Journal of Innovation Management,1999,3(4):427-458.

[276]Wu C H J. A re-examination of the antecedents and impact of customer participation in service [J]. Service Industries Journal,2011,31(6):863-876.

[277]Xia T J. Absorptive capacity and openness of small biopharmaceutical firms - a European Union-United States comparison [J]. R&D Management,2013,43(4):333-351.

[278]Yam R C M,Lo W,Tang E P Y,et al. Analysis of sources of innovation,technological innovation capabilities,and performance:An empirical study of Hong Kong manufacturing industries [J]. Research Policy,2011,40(3):391-402.

[279]Yi Y,Nataraajan R,Gong T. Customer participation and citizenship behavioral influences on employee performance,satisfaction,commitment,and turnover intention [J]. Journal of Business Research,2011,64(1):88-96.

[280]Yoon E,Grary L. New industrial product performance:The effect of market characteristics and strategy [J]. Journal of Innovation Management,1995,2(3):34-144.

[281]Zahra S A,George G. Absorptive capacity:A review,reconceptualization,and extension [J]. Academy of Management Review,2002,27(2):185-203.

[282]Zahra S A,Hayton J C. The effect of international venturing on firm performance:The moderating influence of absorptive capacity [J]. Journal of Business Venturing,2008,23(2):195-220.

[283]Zeithaml V A. How consumer evaluation processes differ between goods and services [J]. Marketing of Services,1981:186-190.

[284]Zeng S X,Xie X M,Tam C M. Relationship between cooperation networks and innovation performance of SMEs [J]. Technovation,2010,30(3):181-194.

[285] Zhuang L, Williamson D, Carter M. Innovate or liquidate are all organizations convinced? A two-phased study into the innovation process [J]. Management Decision,1999,37(1):57-71.

[286][英]安妮·布鲁金．智力资本:第三资源的应用与管理[M]. 赵洁平,译．大连:东北财经大学出版社,1998.

[287][美]彼得·德鲁克．知识管理[M]. 杨开峰,译．北京:中国人民大学出版社,1999.

[288]曹颖,张米尔,田丹．开放环境下软件企业的组织间合作创新[J]. 技术经济,2012,31

(10):19-24.

[289]陈恒,高鹏斌,于渤,等. 新产品开发团队即兴及其影响因素的仿真分析 [J]. 哈尔滨工程大学学报,2013,34(6):811-818.

[290]陈劲,何郁冰,朱铭. 基于 RIR 的企业合作创新绩效影响因素研究[J]. 科学学研究,2007,25(5):1003-1009.

[291]陈劲,李飞宇. 社会资本:对技术创新的社会学诠释[J]. 科学学研究,2001,19(3):102-107.

[292]陈劲,邱嘉铭,沈海华. 技术学习对企业创新绩效的影响因素分析[J]. 科学学研究,2007,25(6):1223-1232.

[293]陈劲,吴航,金珺. 企业如何实施开放式创新:组织变革的视角[J]. 中国地质大学学报(社会科学版),2012,12(1):74-80.

[294]陈劲,朱学彦. 学术型创业家与企业绩效关系研究[J]. 中国软科学,2006,4:124-129.

[295]陈明亮. 客户关系管理基础理论体系框架探讨[J]. 管理工程学报,2006,20(4):36-41.

[296]陈晓萍,徐淑英,樊景立. 组织与管理研究的实证方法[M]. 北京:北京大学出版社,2008.

[297]陈钰芬,陈劲. 开放式创新促进创新绩效的机理研究[J]. 科研管理,2009,30(4):1-9,28.

[298]陈钰芬,陈劲. 用户参与创新:国外相关理论文献综述[J]. 科学学与科学技术管理,2007,28(2):52-56.

[299]池仁勇. 区域中小企业创新网络的结点联结及其效率评价研究[J]. 管理世界,2007,1:105-112.

[300]范秀成,张彤宇. 顾客参与对服务企业绩效的影响[J]. 当代财经,2004(8):69-73.

[301]方刚. 基于资源管理的企业网络能力与创新绩效研究[D]. 博士学位论文,杭州:浙江大学,2008.

[302]葛沪飞,仝允桓,高旭东. 开放式创新下组织吸收能力概念拓展[J]. 科学学与科学技术管理,2010,31(2):46-52.

[303]耿先锋. 客户参与测量维度、前因变量及其对客户满意的影响机理研究[D]. 博士学位论文,杭州:浙江大学,2008.

[304]郭劲光,高静美. 网络、资源与竞争优势:一个企业社会学视角下的观点[J]. 中国工业经济,2003,(3):85-91.

[305]侯杰泰,温忠麟,成子娟. 结构方程模型及其应用[M]. 北京:教育科学出版社,2004.

[306]胡隆基,张毅. 吸收能力、技术差距对国际技术溢出的影响研究:基于中国电子信息产业的调查数据[J]. 科研管理,2010,31(5):87-95.

[307]胡永健,周寄中．政府直接资助企业技术创新案例研究[J]. 管理评论,2009,21(3):35-42.

[308]黄芳铭．结构方程模式:理论与应用[M]. 北京:中国税务出版社,2005.

[309]惠朝旭．企业家社会资本:基于经济社会学基础上的解释范式[J]. 理论与改革,2004,(3):119.

[310]简兆权,刘荣,招丽珠．网络关系、信任与知识共享对技术创新绩效的影响研究[J]. 科研与发展管理,2010,22(2):64-71.

[311]江积海．后发企业知识传导与新产品开发的路径及其机制——比亚迪汽车公司的案例研究[J]. 科学学研究,2010,28(4):571-580.

[312]靳娜,傅强．吸收能力和贸易政策对FDI技术溢出的影响分析——基于中国工业部门面板数据的实证研究[J]. 南开经济研究,2010,6:113-122.

[313]李怀祖．管理研究方法论[M]. 西安:西安交通大学出版社,2000.

[314]李锐,鞠晓峰,刘茂长．基于自组织理论的技术创新系统演化机理及模型分析[J]. 运筹于管理,2010,19(1):145-151.

[315]林盛,滑彦莉,白寅,康键．品牌资产与顾客满意关系的实证研究[J]. 2012,22(6):37-44.

[316]林鑫,郭斌．外在任务特征对新产品开发人员内部信息搜寻行为的影响机制研究[J]. 西安电子科技大学学报,2013,23(5):29-35.

[317]刘伟,王宏伟．技术创新影响因素的区域差异:以中国30个省份为例的研究[J]. 数学实践与认识,2011,41(41):37-45.

[318]刘雪峰．网络嵌入性与差异化战略及企业绩效关系研究[D]. 杭州:浙江大学,2006.

[319]卢纹岱．SPSS FOR WINDOWS统计分析(第2版)[M]. 北京:电子工业出版社,2002.

[320]马庆国．管理科学研究方法[M]. 北京:高等教育出版社,2008.

[321]马庆国．管理统计[M]. 北京:科学出版社,2002.

[322][美]迈克尔·波特．竞争战略[M]. 北京:华夏出版社,1997.

[323]梅亮,许庆瑞．创新网络研究述评[J]. 科技管理研究,2011,10:18-25.

[324]彭新敏．企业网络对技术创新绩效的作用机制研究:利用性—探索性学习的中介效应[D]. 博士学位论文,杭州:浙江大学,2009.

[325]彭艳君．顾客参与量表的构建与研究[J]. 管理评论,2010,22(3):78-85.

[326]彭艳君．客户参与量表的构建和研究[J]. 北京工商大学学报(社会科学版),2008,23(5):56-60.

[327]钱锡红,杨永福,徐万里．企业网络位置、吸收能力与创新绩效——一个交互效应模型[J]. 管理世界,2010,5:118-129.

[328]秦令华，殷瑾，井润田．企业内部知识转移中个体中心度、吸收能力对绩效的影响[J]．管理工程学报，2010，24(1)：5-9.

[329]邱浩政，林碧芬．结构方程模型的原理与应用[M]．北京：中国轻工业出版社，2009.

[330]石书德，张帏，高建．影响新创企业绩效的创业团队因素研究[J]．管理工程学报，2011，25(4)：44-51.

[331]陶长琪，齐亚伟．FDI溢出、吸收能力与东道国IT产业的发展[J]．管理科学，2010，23(4)：112.

[332]仝允桓，杨艳，朱恒源，等．中国企业的产品创新：从竞争者驱动到顾客导向[J]．科学学与科学技术管理，2009，(1)：44-50.

[333]汪丁丁．从"交易费用"到博弈均衡[J]．经济研究，1995，(9)：72-80.

[334]汪涛，郭锐．顾客参与对新产品开发作用机理研究[J]．科学学研究，2010，28(9)：1383-1387.

[335]汪涛，望海军．客户参与一定会导致客户满意吗——客户自律倾向及参与方式的一致性对满意度的影响[J]．南开管理评论，2008，11(3)：4-11.

[336]王永贵，姚山季，司方来．组织客户创新、供应商反应性与项目绩效的关系研究：基于组织服务市场的实证分析[J]．南开管理评论，2011，2(14)：4-13.

[337]王智生，胡珑瑛，李慧颖．合作创新网络中信任与知识分享的协同演化模型[J]．哈尔滨工程大学学报，2012，33(9)：1175-1179.

[338]王重鸣．心理学研究方法[M]．北京：人民教育出版社，2000.

[339]韦影．企业社会资本对技术创新绩效的影响：基于吸收能力的视角[D]．博士学位论文，杭州：浙江大学，2005.

[340]魏杰，郑道淑．在华韩资企业人力资源管理本土化与企业绩效关系研究[J]．科学学与科学技术管理，2010，31(10)：192-199.

[341]魏守华，姜宁，吴贵生．内生创新努力、本土技术溢出与长三角高技术产业创新绩效[J]．中国工业经济，2009，2：25-34.

[342]魏守华，吴贵生，吕新雷．区域创新能力的影响因素——兼评我国创新能力的地区差距[J]．中国软科学，2010，9：76-85.

[343]吴贵生，杨艳，朱恒源．中国产品创新管理研究：现状、差距与展望[J]．研究与发展管理，2006，18(6)：43-50.

[344]吴家喜，吴贵生．高层管理者特质与产品创新的关系：基于民营企业的实证研究[J]．科学学与科学技术管理，2008，29(3)：178-182.

[345]吴家喜，吴贵生．外部组织整合与新产品开发绩效关系．实证研究：以产品创新程度为调节变量[J]．科学学与科学技术管理，2008，29(12)：58-62.

[346]吴明隆．结构方程模型——AMOS的操作与应用[M]．重庆：重庆大学出版社，2009.

[347]吴明隆．问卷统计分析实务——SPSS 操作与应用[M]．重庆：重庆大学出版社，2010.

[348]吴晓波，陈颖．基于吸收能力的研发模式选择的实证研究[J]．科学学研究，2010，28(11)：1722-1730.

[349]吴晓波，高忠仕，魏仕杰．隐性知识显性化与技术创新绩效实证研究[J]．科学学研究，2007，25(6)：1233-1238.

[350]吴晓波，刘雪锋，胡松翠．全球制造网络中本地企业知识获取实证研究[J]．科学学研究，2007，25(3)：486-492.

[351]向永胜．国外企业竞争优势理论评述与思考[J]．重庆工商大学学报(西部论坛)，2006，16(5)：33-37.

[352]徐岚．客户为什么参与创造？消费者参与创造的动机研究[J]．心理学报，2007，39(2)：343-354.

[353]阎海峰，陈利萍，沈锦杰．智力资本、吸收能力与组织创新关系研究[J]．研究与发展管理，2009，21(5)：39-46.

[354]杨德林，周亮，吴贵生．技术创新研究在中国[J]．技术经济，2009，28(1)：1-10.

[355]杨鑫，金占明．战略群组的存在性及其对企业绩效的影响——基于中国上市公司的研究[J]．中国软科学，2010，7：112-124.

[356]姚山季，王永贵．顾客参与新产品开发对企业技术创新绩效的影响机制——基于 B-B 情境下的实证研究[J]．科学学与科学技术管理，2011，32(5)：34-41.

[357][日]野中郁次郎．知识创新型企业[M]．杨开峰译．北京：中国人民大学出版社，1999.

[358]易英．顾客参与与服务质量、顾客满意及行为意向的关系研究——基于家装行业的实证研究[D]．硕士学位论文，杭州：浙江大学，2006.

[359]张方华．知识型企业的社会资本与技术创新绩效研究[D]．博士学位论文，杭州：浙江大学，2004.

[360]张慧颖，徐可，于淏川．社会资本和供应链整合对产品创新的影响研究——基于中国实证调查的中介效应模型[J]．华东经济管理，2013，27(7)：164-170.

[361]张文敏．制造商的商品体验化战略[J]．销售与市场(管理版)，2010，(8)：94-95.

[362]张耀辉，彭红兰．需求诱致下的客户参与创新的激励研究[J]．中国工业经济，2010，8：87-96.

[363]郑晓博，朱振坤，雷家骕．社会网络与战略匹配及其对企业绩效影响的实证研究[J]．科学学与科学技术管理，2011，32(1)：133-140.

[364]周小虎，陈传明．企业社会资本与持续竞争优势[J]．中国工业经济，2004，(5)：90-96.

附录 A　各变量主要符号含义

一、解释变量、调节变量、被解释变量

序号	测量指标	子维度	子维度英文	子维度题项代码	三个阶段及全阶段代码
1	客户参与	工作认知	*task definition*	TD1、TD2、TD3	TD(I)、TD(Ⅱ)、TD(Ⅲ)、TD(Total)
		信息提供	*information providing*	IP1、IP2、IP3、IP4	IP(I)、IP(Ⅱ)、IP(Ⅲ)、TD(Total)
		共同开发	*codeveloping*	CD1、CD2、CD3	CD(I)、CD(Ⅱ)、CD(Ⅲ)、CD(Total)
		人际互动	*relationship building*	RB1、RB2、RB3	RB(I)、RB(Ⅱ)、RB(Ⅲ)、RB(Total)

续表

序号	测量指标	子维度	子维度英文	子维度题项代码	三个阶段及全阶段代码
2	吸收能力	知识获取能力	*acquisition capacity*	ACC1～ACC3	——
		知识消化转化能力	*assimilation & transformation capacity*	ASTC1～ ASTC6	——
		知识利用能力	*exploitation capacity*	EC1～EC3	——
3	技术创新绩效	产品创新绩效	*product innovative performance*	PDIP1～ PDIP5	——
		过程创新绩效	*process innovative performance*	PCIP1～ PCIP4	——

注：客户参与的分各个阶段来分别测量，阶段(Ⅰ)、(Ⅱ)、(Ⅲ)分别表示新产品研发的创意前端阶段、设计开发阶段、产品测试与商业化阶段。

二、控制变量

序号	测量指标	子维度	子维度英文	子维度题项代码
1	地区	上海	*Shanghai*	Shanghai
		浙江	*Zhejiang*	Zhejiang
		江苏	*Jiangsu*	Jiangsu
2	行业	行业	*industry*	Ind1～ Ind14
3	企业成立年限	企业成立年限	*firmage*	Firmage
4	企业性质	企业性质	*ownership*	Ownership
5	企业员工人数	企业员工人数	*employees*	Employees
6	企业年销售额	企业年销售额	*sales*	Sales
7	企业资产总额	企业资产总额	*asset*	Asset
8	企业研发支出占总销售额比例	企业研发支出占总销售额比例	*percent of research and development*	R & D

续表

序号	测量指标	子维度	子维度英文	子维度题项代码
9	客户参与来源	企业客户参与	*customers participation of enterprise*	CP_enterp
		个体顾客参与	*customers participation of individual*	CP_ indivual

注:1. 地区用 3 个虚拟变量表示,对照组为其他,选中某个地区赋值 1,未选中赋值 0;

2. 行业用 14 个虚拟变量表示,对照组为其他,选中某个行业赋值 1,未选中赋值 0;

3. 企业性质处理为国有(含集体)赋值 1、非国有[包括民营、中外合作(资)、外商独资、其他]赋值 0;

4. 企业员工人数、企业年销售额、企业资产总额取自然对数;

5. 取组中值处理的控制变量:企业成立年限、企业员工人数、企业年销售额、企业资产总额、企业研发支出比例。

附录B 访谈提纲

一、调研目的

(1) 了解中国企业客户参与的现状，并以企业的实际情况验证部分理论假设。

(2) 以中国企业客户参与的现状，结合已有文献，开发客户参与量表的维度。

(3) 了解企业与客户之间合作创新的行为和模式，为实践提供参考。

二、调研企业要求

(1) 企业（制造业、快速消费品行业、服务业等，不限制行业）。

(2) 企业具有公司客户或者个体顾客。

(3) 公司客户或者个体顾客有过参与该企业新产品开发项目的经历。

三、调研企业的对象或者问卷填写人

(1) 企业研发部（或技术部）、市场部、产品部、生产制造部、销售部的负责人。

(2) 企业董事长、总经理等高层或与新产品开发的有关部门负责人。

四、访谈问题

(1) 基本数据。

① 访谈对象所在的部门、职位、工作年限。

② 企业主营业务、行业、成立时间、性质、员工数、规模等。

③ 企业近三年开发了哪些新产品？

④ 参与企业新产品研发的客户主要来源为？（公司客户、个体顾客或者两者兼有）。

(2) 战略层面。

① 贵企业对于新产品开发有没有战略规划？

② 贵企业是如何开拓新市场的？了解行业竞争对手与潜在进入者吗？

③ 贵企业对一些风险较高的项目采用何种方式进行决策？

(3) 客户参与。

① 描述贵企业新产品研发的流程，大致包括哪些阶段？

② 参与新产品研发的客户如何了解产品的背景等专业知识？是否这些背景

知识会非常复杂?

③ 参与新产品研发的客户在新产品研发的哪些阶段参与较多?

④ 参与新产品研发的客户担任何种角色?(如信息提供者、共同决策、共同开发者等)

⑤ 贵企业新产品研发中是如何掌握客户的需求和偏好的?引入客户参与新产品研发后,这些需求和偏好会变化吗?

⑥ 与客户合作的过程中,企业是如何与客户沟通的?在新产品研发的各个阶段,贵企业与参与的客户沟通的频率有差异吗?

(4) 企业吸收能力。企业的吸收能力是指企业获取、消化转化并利用知识的一种动态组织能力。从贵公司近三年与同行业平均水平相比:

① 贵企业员工是如何获取外部新知识的?

② 对于不断变化的市场环境,贵企业如何应对?

③ 贵企业会组织公司层技术的学习、交流和分享吗?

④ 贵企业会定期讨论市场发展趋势和新产品开发事宜吗?

⑤ 贵企业是如何利用知识的?是否会把获取的新知识快速应用到产品研发中?

(5) 企业技术创新绩效。企业技术创新绩效是指对企业技术创新活动效率和效果的评价,从产品创新和过程创新两方面的绩效来度量。

① 引入客户参与新产品研发,贵企业有哪些收益?有负面影响吗?

② 产品创新绩效一般考量以下指标:新产品数、申请的产品专利数、新产品产值占销售总额的比例、新产品开发速度、创新产品的成功率。从贵公司近三年与同行业平均水平相比,引入客户参与新产品研发,上述指标的情况如何?

③ 过程创新绩效一般考量以下指标:劳动力成本降低的程度、缩短订货至交货时间的程度、劳动生产率提高的程度、原材料和能源消耗降低的程度。从贵公司近三年与同行业平均水平相比,引入客户参与新产品研发,上述指标的情况如何?

附录C　企业专家访谈对问卷的修改建议

飞利浦中国研究院：

(1) 分成三个阶段便于分析各阶段的影响，把产品测试与矫正放入第Ⅲ阶段。

(2) 客户参与的层面，有的公司是企业客户、有的公司是个体顾客，不应该设为单选，可以多选。

美国陶氏化学(中国)投资有限公司：

(1) 中外合作与中外合资建议合并。

(2) 企业研发经费支出占总销售额比例中国本土企业普遍不高，外资企业较高，建议设立10%及以上档。

上海handhad广告创意公司：

(1) 语句进一步简化，复杂用语不易接近大众。

(2) 市场部的功能与销售部不一样，要分开。

(3) 产品部有的公司放在市场部的品牌建设功能里，也有分开单独设立的，可以保留。

上海蒂森克虏伯汇众汽车零部件公司：

(1) 客户承诺与客户相互配合支持问题有重叠之处，可以分开。

(2)“我们各部门有清晰的职责分工”建议改为“我们各部门角色定位和责任分工非常明确”。

(3)“我们员工对公司的产品有共同的概念”建议改为“我们员工对公司的产品有深入的了解”。

(4)“我们密切跟踪新产品的市场需求变化”建议改为“我们会根据新产品的市场需求变化及时更新知识”。

美国Saleforce客户端软件公司：

(1) 技术创新绩效方面把问题问成一种容易回答的形式或语言。

(2) 客户向我们提供自己基本属性的信息建议删除。

附录D 调查问卷

关于“新产品开发中客户参与对企业技术创新绩效的影响——以企业吸收能力为调节变量”的问卷

各位企业精英：

附件是教育部委托学术研究课题的一份问卷，主要了解新产品研发过程中，客户全面参与研发各个流程，进行产品创新的情况。可以填写的企业部门人员为：研发部、技术部、市场部、产品部、生产制造部、销售部的部门负责人，企业高层或与新产品开发的有关部门负责人填写，每个企业1份即可。

除了第13题可以多选外，其余全部为单选。第5题“企业所在地区”，如果公司有多个地区，请选择主要业务所在地；第6题“企业所属行业”，如果公司涉及多个行业，请选择主要行业。

要求：不漏任何一题（一份问卷只要遗漏一题就会变成无效问卷）；不要全部勾选1个数字（比如：全部勾选3一般，这类问卷也是无效问卷）。感谢您的大力支持！也希望我们的研究能为您企业技术创新提供参考！问卷不记名，不对号入座，仅用于学术目的，请放心填写。问卷填写中有任何不明白的问题可随时电话联系。如果需要本研究的研究结果，可留下您的MAIL：

____

填表人基本信息：（请在下列选项上画“√”，□3-5年指大于等于3年小于5年，下同）

1. 您当前职位： □高层管理者 □中层管理者 □基层管理者 □其他
2. 您所在部门： □产品部 □研发部 □市场部 □生产制造部 □销售部 □其他部门
3. 您工作年限： □3年以下 □3～5年 □ 5～10年 □10年以上
4. 您的最高学历：□专科及以下 □大学本科 □硕士及以上

一、企业基本情况

5. 企业所在地区：□上海 □浙江 □江苏 □其他________（请填写）

6. 企业所属行业：□食品饮料烟草制造业 □纺织服装皮毛业 □木材家具业 □造纸印刷文体用品业 □石油加工炼焦业 □化学原料及化学制品（含日用化学品）制造业 □塑料橡胶制造业 □生物医药制造业 □金属、非金属业 □机械仪器仪表制造业 □交通运输（如铁路、汽车、电车、摩托车等）设备制造业 □电力、燃气及水业 □建筑业 □通信、计算机、电子元器件、软件、电信、互联网等电子信息技术业 □其他

7. 企业成立年限：□3 年以下　□3～5 年　□5～10 年　□10～15 年
□15 年及以上

8. 企业性质：□国有（含集体）□民营　□中外合作（资）　□外商独资　□其他

9. 企业员工人数（人）：□20 以下　□20～300　□300～1000　□1000 及以上

10. 企业年销售额（人民币）：□300 万以下 □300 万～2000 万 □2000 万～4 亿 □4 亿及以上

11. 企业资产总额（人民币）：□300 万以下 □300 万～5000 万 □5000 万～8 亿 □8 亿及以上

12. 企业研发经费支出占总销售额比例为：□1%以下　□1%～1.5%　□1.5%～2.5%
□2.5%～5% □5%～10%　□10%及以上

13. 参与贵企业新产品研发的客户主要来源为？（可多选）□企业客户　□个体顾客

二、客户参与

请回顾一下贵公司新产品研发的过程。本研究把新产品研发分为 3 个阶段。

创意前端阶段（Ⅰ）：包括产品战略规划、产品创意及筛选、产品概念开发及筛选（市场研究、产品定义、技术可行性）、产品立项（概念测试）。设计开发阶段（Ⅱ）：包括产品设计与开发（原型测试）。产品测试与商业化阶段（Ⅲ）：产品测试与矫正（使用测试、客户测试、市场测试）、量产、新产品上市及后期全生命周期管理。以下提及的产品是包括在（Ⅰ）、（Ⅱ）、（Ⅲ）阶段生成的创意/概念、原型以及正式产品。

以下题项的分值 1～5 分表示从“极不符合”到“非常符合”依次渐进，请在每行中选取恰当的空格，画“√”。		极不符合	不太符合	一般	比较符合	非常符合
		1	2	3	4	5
工作认知						
14. 客户了解新产品开发的步骤	在创意前端阶段（Ⅰ）	1	2	3	4	5
	在设计开发阶段（Ⅱ）	1	2	3	4	5
	在产品测试与商业化阶段（Ⅲ）	1	2	3	4	5
15. 客户了解所开发新产品的有关专业知识	在创意前端阶段（Ⅰ）	1	2	3	4	5
	在设计开发阶段（Ⅱ）	1	2	3	4	5
	在产品测试与商业化阶段（Ⅲ）	1	2	3	4	5

续表

16. 客户了解新产品开发过程中,所参与的若干事项难易程度	在创意前端阶段(Ⅰ)	1	2	3	4	5
	在设计开发阶段(Ⅱ)	1	2	3	4	5
	在产品测试与商业化阶段(Ⅲ)	1	2	3	4	5
信息提供						
17. 客户向我们提供自己拥有的需求及偏好信息	在创意前端阶段(Ⅰ)	1	2	3	4	5
	在设计开发阶段(Ⅱ)	1	2	3	4	5
	在产品测试与商业化阶段(Ⅲ)	1	2	3	4	5
18. 客户向我们提供不包括自身在内的市场环境信息、开发信息	在创意前端阶段(Ⅰ)	1	2	3	4	5
	在设计开发阶段(Ⅱ)	1	2	3	4	5
	在产品测试与商业化阶段(Ⅲ)	1	2	3	4	5
19. 当客户需求及偏好发生改变,会向我们补充信息	在创意前端阶段(Ⅰ)	1	2	3	4	5
	在设计开发阶段(Ⅱ)	1	2	3	4	5
	在产品测试与商业化阶段(Ⅲ)	1	2	3	4	5
20. 客户会与我们分享能进一步改进产品的重要信息	在创意前端阶段(Ⅰ)	1	2	3	4	5
	在设计开发阶段(Ⅱ)	1	2	3	4	5
	在产品测试与商业化阶段(Ⅲ)	1	2	3	4	5
共同开发						
21. 客户的工作是该阶段任务的重要组成部分	在创意前端阶段(Ⅰ)	1	2	3	4	5
	在设计开发阶段(Ⅱ)	1	2	3	4	5
	在产品测试与商业化阶段(Ⅲ)	1	2	3	4	5
22. 客户的开发努力在该阶段任务完成中起到了非常重要的作用	在创意前端阶段(Ⅰ)	1	2	3	4	5
	在设计开发阶段(Ⅱ)	1	2	3	4	5
	在产品测试与商业化阶段(Ⅲ)	1	2	3	4	5
23. 客户与我们共同决策,产生解决方案(如焦点小组、头脑风暴、现场观察、深度访谈等)	在创意前端阶段(Ⅰ)	1	2	3	4	5
	在设计开发阶段(Ⅱ)	1	2	3	4	5
	在产品测试与商业化阶段(Ⅲ)	1	2	3	4	5
人际互动						
24. 客户与我们沟通轻松灵活	在创意前端阶段(Ⅰ)	1	2	3	4	5
	在设计开发阶段(Ⅱ)	1	2	3	4	5
	在产品测试与商业化阶段(Ⅲ)	1	2	3	4	5
25. 客户与我们保持相互信任	在创意前端阶段(Ⅰ)	1	2	3	4	5
	在设计开发阶段(Ⅱ)	1	2	3	4	5
	在产品测试与商业化阶段(Ⅲ)	1	2	3	4	5
26. 客户与我们保持相互配合与支持	在创意前端阶段(Ⅰ)	1	2	3	4	5
	在设计开发阶段(Ⅱ)	1	2	3	4	5
	在产品测试与商业化阶段(Ⅲ)	1	2	3	4	5

三、吸收能力

在过去的三年内，贵公司与同行业的平均水平相比，对外部知识的获取、消化转化、利用的表现：

以下题项的分值1～5分表示从"极不符合"到"非常符合"依次渐进，请在每行中选取恰当的空格，画"√"。	极不符合	不太符合	一般	比较符合	非常符合
	1	2	3	4	5
知识获取能力					
27. 我们公司员工经常拜访其他公司获得新知识	1	2	3	4	5
28. 我们经常通过非正式方式搜集行业信息	1	2	3	4	5
29. 我们经常接触第三方机构，如咨询公司、会计事务所等	1	2	3	4	5
知识消化转化能力					
30. 我们能很快识别、理解服务客户的新机会	1	2	3	4	5
31. 我们能很快分析、理解不断变化的市场需求	1	2	3	4	5
32. 我们组织公司层面知识和技术的学习、交流和分享	1	2	3	4	5
33. 我们会根据新产品的市场需求变化及时更新知识	1	2	3	4	5
34. 我们员工会主动学习新知识以供未来使用	1	2	3	4	5
35. 我们能快速识别外部新知识对于企业是否有用	1	2	3	4	5
知识利用能力					
36. 我们各部门角色定位和责任分工非常明确	1	2	3	4	5
37. 我们员工对公司的产品有深入的了解	1	2	3	4	5
38. 我们能快速将新知识应用于相关产品或市场	1	2	3	4	5

四、技术创新绩效

在过去的三年内，贵公司与同行业的平均水平相比，贵公司技术创新的表现：

以下题项的分值1～5分表示从"极低"到"非常高"依次渐进，请在每行中选取恰当的空格，画"√"。	极低	较低	一般	较高	非常高
	1	2	3	4	5
产品创新绩效					
39. 新产品数	1	2	3	4	5
40. 申请的产品专利数	1	2	3	4	5
41. 新产品产值占销售总额的比例	1	2	3	4	5
42. 新产品开发速度	1	2	3	4	5
43. 创新产品的成功率	1	2	3	4	5

续表

以下题项的分值1～5分表示从“极低”到“非常高”依次渐进，请在每行中选取恰当的空格，画“√”。	极低	较低	一般	较高	非常高
	1	2	3	4	5
过程创新绩效					
44. 劳动力成本降低的程度	1	2	3	4	5
45. 缩短订货至交货时间的程度	1	2	3	4	5
46. 劳动生产率提高的程度	1	2	3	4	5
47. 原材料和能源消耗降低的程度	1	2	3	4	5

(非必填项)欢迎您提出对上述问卷设计的建议，不妥之处，请不吝提出。

附录 E　大样本数据描述性统计量和正态分布性表

原始题项	题项代码	样本数	均值	标准差	偏度	偏度标准误	峰度	峰度标准误
Q141	TD1(Ⅰ)	475	2.992	1.131	−0.159	0.112	−0.757	0.224
Q142	TD1(Ⅱ)	475	3.257	1.084	−0.305	0.112	−0.488	0.224
Q143	TD1(Ⅲ)	475	3.707	1.013	−0.661	0.112	0.127	0.224
Q151	TD2(Ⅰ)	475	2.987	1.085	−0.035	0.112	−0.644	0.224
Q152	TD2(Ⅱ)	475	3.200	1.017	−0.191	0.112	−0.359	0.224
Q153	TD2(Ⅲ)	475	3.701	0.959	−0.526	0.112	0.025	0.224
Q161	TD3(Ⅰ)	475	2.943	1.102	−0.058	0.112	−0.750	0.224
Q162	TD3(Ⅱ)	475	3.219	1.041	−0.188	0.112	−0.601	0.224
Q163	TD3(Ⅲ)	475	3.478	1.085	−0.440	0.112	−0.470	0.224
Q171	IP1(Ⅰ)	475	3.741	1.012	−0.777	0.112	0.281	0.224
Q172	IP1(Ⅱ)	475	3.667	0.958	−0.549	0.112	0.135	0.224
Q173	IP1(Ⅲ)	475	3.865	0.976	−0.699	0.112	0.076	0.224
Q181	IP2(Ⅰ)	475	3.217	1.048	−0.200	0.112	−0.538	0.224
Q182	IP2(Ⅱ)	475	3.253	1.021	−0.259	0.112	−0.403	0.224
Q183	IP2(Ⅲ)	475	3.408	1.018	−0.438	0.112	−0.242	0.224
Q191	IP3(Ⅰ)	475	3.512	1.040	−0.443	0.112	−0.270	0.224
Q192	IP3(Ⅱ)	475	3.676	1.023	−0.600	0.112	0.029	0.224
Q193	IP3(Ⅲ)	475	3.857	1.007	−0.857	0.112	0.383	0.224
Q201	IP4(Ⅰ)	475	3.389	1.062	−0.308	0.112	−0.549	0.224
Q202	IP4(Ⅱ)	475	3.587	1.012	−0.467	0.112	−0.122	0.224
Q203	IP4(Ⅲ)	475	3.832	0.937	−0.646	0.112	0.161	0.224
Q211	CD1(Ⅰ)	475	3.299	1.187	−0.283	0.112	−0.818	0.224
Q212	CD1(Ⅱ)	475	3.343	1.094	−0.265	0.112	−0.570	0.224
Q213	CD1(Ⅲ)	475	3.693	1.003	−0.651	0.112	0.064	0.224
Q221	CD2(Ⅰ)	475	3.124	1.123	−0.031	0.112	−0.751	0.224
Q222	CD2(Ⅱ)	475	3.261	1.081	−0.111	0.112	−0.585	0.224
Q223	CD2(Ⅲ)	475	3.507	1.040	−0.353	0.112	−0.455	0.224
Q231	CD3(Ⅰ)	475	3.162	1.087	−0.266	0.112	−0.579	0.224

续表

原始题项	题项代码	样本数	均值	标准差	偏度	偏度标准误	峰度	峰度标准误
Q232	CD3(Ⅱ)	475	3.192	1.094	－0.163	0.112	－0.664	0.224
Q233	CD3(Ⅲ)	475	3.396	1.057	－0.392	0.112	－0.335	0.224
Q241	RB1(I)	475	3.162	1.087	－0.266	0.112	－0.579	0.224
Q242	RB1(Ⅱ)	475	3.192	1.094	－0.163	0.112	－0.664	0.224
Q243	RB1(Ⅲ)	475	3.396	1.057	－0.392	0.112	－0.335	0.224
Q251	RB2(I)	475	3.589	1.018	－0.461	0.112	－0.254	0.224
Q252	RB2(Ⅱ)	475	3.764	0.959	－0.552	0.112	－0.098	0.224
Q253	RB2(Ⅲ)	475	3.928	0.885	－0.574	0.112	0.015	0.224
Q261	RB3(I)	475	3.594	0.977	－0.421	0.112	－0.131	0.224
Q262	RB3(Ⅱ)	475	3.745	0.959	－0.508	0.112	－0.033	0.224
Q263	RB3(Ⅲ)	475	3.998	0.870	－0.574	0.112	－0.078	0.224
Q27	ACC1	475	3.423	1.045	－0.313	0.112	－0.477	0.224
Q28	ACC2	475	3.227	1.156	－0.320	0.112	－0.750	0.224
Q29	ACC3	475	3.366	1.072	－0.306	0.112	－0.528	0.224
Q30	ASTC1	475	3.703	0.913	－0.364	0.112	－0.261	0.224
Q31	ASTC2	475	3.802	0.878	－0.468	0.112	0.041	0.224
Q32	ASTC3	475	3.912	0.935	－0.554	0.112	－0.203	0.224
Q33	ASTC4	475	3.749	0.885	－0.424	0.112	0.035	0.224
Q34	ASTC4	475	3.733	0.875	－0.419	0.112	0.175	0.224
Q35	ASTC6	475	3.756	0.849	－0.113	0.112	－0.609	0.224
Q36	EC1	475	3.762	0.896	－0.488	0.112	－0.192	0.224
Q37	EC2	475	3.735	0.828	－0.235	0.112	－0.140	0.224
Q38	EC3	475	3.686	0.881	－0.550	0.112	0.315	0.224
Q39	PDIP1	475	3.387	0.926	－0.203	0.112	－0.084	0.224
Q40	PDIP2	475	3.358	1.049	－0.271	0.112	－0.515	0.224
Q41	PDIP3	475	3.383	0.948	－0.295	0.112	0.035	0.224
Q42	PDIP4	475	3.360	0.906	－0.193	0.112	－0.064	0.224
Q43	PDIP5	475	3.493	0.949	－0.410	0.112	0.025	0.224
Q44	PCIP1	475	3.221	0.881	－0.112	0.112	0.054	0.224
Q45	PCIP2	475	3.446	0.861	－0.301	0.112	0.018	0.224
Q46	PCIP3	475	3.543	0.829	－0.517	0.112	0.426	0.224
Q47	PCIP4	475	3.516	0.882	－0.206	0.112	－0.100	0.224

后 记

本书是在我的博士学位论文基础上修改而成的。因此，它也可以说是我在上海交通大学攻读博士学位的一个小结。在本书即将完成之际，感慨万千，首先要感谢我的恩师曾赛星教授。从我进入博士阶段学习开始，导师就以其渊博的学识引领我步入研究的殿堂，曾老师认真地教导我如何做学术研究，并为我提供研究和学习的机会，这些都将为我未来的学术生涯打下坚实的基础！整个论文从构思到拟定提纲，从初稿到定稿都得到了曾老师的悉心指导，导师以敏锐的前瞻思维，判定选题有研究价值。记得在中途，我几次因为苦于无法找到客户参与的样本，想放弃改题的时候，多次得到导师的大力支持与鼓励，后来我又重新去收集大量的国内外资料，按导师的建议坚持做下去，本文的写作从开始到结束都凝聚着导师的心血和期望。在此，谨向曾老师致以最崇高和最诚挚的谢意！

我很庆幸，6 年博士求学生活是在上海交通大学度过的。上海交通大学历史悠久，大师云集，学术氛围浓厚，形成了“起点高、基础厚、要求严、重实践、求创新”的优良传统，我置身其中，也受益匪浅，并将终身受益。顾锋教授、丁晓东教授、吕康娟教授、郑建国教授、范体军教授、沈惠璋教授、骆建文教授、徐晓东教授、于冷教授、谢富纪教授、尹海涛副教授、董正英副教授对本书研究工作的修改和完善给予了大力指导和帮助。在博士求学过程中我也要大力感谢上海交通大学黄震教授、奚立峰教授、杜朝辉教授、赵文华主任、陶燕敏部长、季波主任、孟雁副书记、欧阳华副院长、王皓副院长以及机械与动力工程学院党政领导对我攻读博士学位的大力支持！此外，我还要感谢上海交通大学安泰经管学院院长办公室吴仕明老师，机械与动力工程学王旭永、张文光、李艳婷、诸葛海、叶春、何维廉副教授，上海交通大学慧谷高科技创业中心俞静颖经理，上海交通大学国家技术转移中心郭作鹏经理、王舒、王军勇项目主管，以及江苏、浙江、山东地方科技局（高新技术开发区）的领导，是他们高度负责的态度组织企业负责人填写问卷并仔细检查问卷，才确保了本书调查问卷的高质量。感谢陶氏化学中央研究院郭永进、飞利浦中国研究院杨磊、美国 Salesforce 公司吴聪晖对本书客户参与部分的研究给予了大量宝贵的资料和建议。感谢同门及同学孟晓华、马王杰、解学梅、齐国友、朱晓妹、李明、吴振华、张文杰、胡晓瑾、邹海亮、谢琳娜、彭云峰、林翰、张轩、卫同济、马汉阳、陈宏权、吴开尧等对本书编辑工作的大力支持！在求学及本书编写过程中给予我帮助的师长、同学和亲友们远不止以上这些，在此对他们致以最诚挚的谢意！

本书的研究工作是在我主持的上海市科学技术委员会软科学研究与博士生学位论文资助项目"嵌入客户参与的企业创新吸收能力及其对创新绩效的影响"(12692191400)、上海交通大学"SMC-晨星青年学者奖励计划"项目，以及参与的国家杰出青年科学基金"面向可持续竞争力的企业环境创新管理理论与方法"(71025006)、国家自然科学基金重大项目"重大基础设施工程的社会责任、产业竞争力与可持续发展研究"(71390525)、教育部高等学校博士学科点专项科研基金"嵌入客户参与的企业绿色创新吸收能力及其对创新绩效的影响"(20120073110030)等项目的资助下完成的，在此一并表示感谢！

最后我要感谢我的岳父母把全家的家务活都承揽了下来，鼓励我专心开展学术研究，感谢远方的父母多年对我的辛勤培养，感谢远方姐姐的鼓励，感谢妻子朱阳与我在求学道路上共同奋进，也感谢聪明懂事的女儿戴子涵给予爸爸的鼓励与支持！